Pe. FERDINANDO MANCILIO, C.Ss.R.

Vida que brota dA VIDA

Paraliturgias da Semana Santa

Celebração da Via-Sacra, As sete últimas palavras de Cristo, As Dores de Maria, Descimento de Cristo da Cruz, Encontro de Jesus e de Maria, Rito Penitencial, Missa com os Doentes, Adoração ao Santíssimo

DIRETOR EDITORIAL:
Marcelo C. Araújo

EDITORES:
Avelino Grassi
Márcio F. dos Anjos

COORDENAÇÃO EDITORIAL:
Ana Lúcia de Castro Leite

REVISÃO:
Ana Lúcia de Castro Leite

DIAGRAMAÇÃO:
Juliano de Sousa Cervelin

CAPA:
Simone Godoy

ISBN 978-85-369-0157-2

* Revisão do texto conforme o novo Acordo Ortográfico da Língua Portuguesa, em vigor a partir de 1º de janeiro de 2009

Imprima-se
Por comissão do Arcebispo Metropolitano de Aparecida,
Dom Raymundo Damasceno Assis.
Pe. Carlos da Silva, C.Ss.R.
Aparecida, 21 de janeiro de 2009

Todos os direitos reservados à **EDITORA SANTUÁRIO** — 2009

 Composição, CTcP, impressão e acabamento:
EDITORA SANTUÁRIO - Rua Padre Claro Monteiro, 342
Fone: (12) 3104-2000 — 12570-000 — Aparecida-SP.

Ano: 2013 2012 2011 2010 2009
Edição: **10 9 8 7 6 5 4 3 2 1**

Introdução

O Tempo da Quaresma e o Tríduo Pascal são momentos litúrgicos que se unem numa liturgia batismal profunda, e que tocam sensivelmente nossos sentimentos cristãos. Esses momentos litúrgicos são extremamente importantes na vida de fé de nosso povo, principalmente o povo simples, que sabe compreender com o coração, e não com a razão, a presença de Deus junto dele.

Foi exatamente pensando na simplicidade de nossa gente que nasceu este pequeno subsídio celebrativo, para que as pessoas ou Comunidades pudessem ter em mãos um instrumento que as ajudasse nos exercícios de piedade, celebrados por ocasião da Semana Santa.

Este instrumento traz oito celebrações específicas, sendo que a "Celebração das Dores de Maria" é apresentada de duas maneiras, portanto, dois modos diferentes de celebrá-las.

As celebrações são:

1. Via-Sacra
2. As sete últimas palavras de Cristo
3. Celebração das Dores de Maria
4. Descimento de Cristo da Cruz
5. Encontro de Jesus e de Maria
6. Rito Comunitário da Penitência
7. Missa com os Doentes e Idosos
8. Adoração ao Santíssimo Sacramento

A tonalidade maior nessas celebrações é a de uma espiritualidade que nasce do Evangelho em confronto com nossa realidade de vida. O que se deseja com elas é que se realize uma celebração proveitosa resgatando a sadia piedade do povo de Deus. Qualquer racionalismo exacerbado impede que percebamos a presença de Deus entre nós.

Vivendo nossa fé com sinceridade, podemos contar sempre com a presença de Cristo em nossa vida e de Maria, sua Mãe Santíssima! Este subsídio quer ajudar-lhe a celebrar bem sua fé. Deus o abençoe!

Pe. Ferdinando Mancilio, C.Ss.R.

Via-Sacra

Com Jesus no caminho da vida!

Cântico inicial:[1] **Eis o tempo de conversão, eis o dia da salvação. Ao Pai voltemos, juntos andemos. Eis o tempo de conversão!**

1. Os caminhos do Senhor são verdade, são amor. Dirigi os passos meus, em vós espero, ó Senhor! Ele guia ao bom caminho quem errou e faz voltar. Ele é bom, fiel e justo, Ele busca e vem salvar.

2. Viverei com o Senhor, Ele é o meu sustento. Eu confio mesmo quando minha dor não mais aguento. Tem valor aos olhos seus meu sofrer e meu morrer. Libertai o vosso servo e fazei-o reviver!

---

[1] Letra e Música de Pe. José Weber.

1ª Estação:
Jesus é condenado à morte

— Nós vos adoramos Senhor Jesus e vos bendizemos.

— **Porque pela vossa Santa Cruz remistes o mundo.**

Jesus é condenado à morte. O único caminho para os que cultivam a cultura da morte é a morte dos inocentes. Algazarras, juízo fácil e condenação que foram sofridos por Jesus, que em silêncio tudo suportava, pensando na redenção da humanidade. Jesus foi acolhido em Jerusalém com muita festa, mas o condenaram à morte em menos de uma semana.

— "Muitos estenderam suas vestes pelo caminho, outros puseram ramos que haviam apanhado nos campos. Os que iam à frente dele e os que o seguiam gritavam: "Hosana! Bendito o que vem em nome do Senhor! Bendito o Reino que vem, o Reino do nosso pai Davi" (Mc 11,8-10).

— **Senhor, tende misericórdia de quem ainda não aprendeu de vosso amor. Tende misericórdia de vosso povo, Senhor, nosso Deus e Salvador!**

— *Pai-nosso.*
— *Ave-Maria.*
— *Glória ao Pai.*

Cântico:[2] **Vós sois meu Pastor, ó Senhor; nada me faltará, se me conduzis!**
Em verdes pastagens, feliz, eu descansei; em vossas águas puras eu me desalterei!

**2ª Estação:
Sobre os ombros de
Jesus a pesada cruz!**

— Nós vos adoramos Senhor Jesus e vos bendizemos.
— **Porque pela vossa Santa Cruz remistes o mundo.**
É fácil colocar sobre os ombros dos outros o peso que nós mesmos não queremos carregar. O peso da pobreza inadmissível, da injustiça praticada, da corrupção e da ganância escandalosa. O peso da cruz de Cristo é o peso da dignidade da vida que foi proibida aos menos favorecidos de nosso mundo. Na cruz de Cristo está a libertação dos pobres, dos que procuram viver a vida com dignidade.

---

[2] Estrofes do cântico *Vós sois meu Pastor*, L e M de Roberto Jef.

— "Logo de manhã, os sumos sacerdotes fizeram um conselho com os anciãos e os escribas e todo o Sinédrio. E, amarrando a Jesus, levaram-no e entregaram a Pilatos. Que farei de Jesus, que dizeis ser o rei dos judeus? Eles gritaram de novo: Crucifica-o!" (Mc 15,1.12b).

— Senhor Jesus, vós carregastes em vossos ombros nossa dignidade de filhos de Deus Pai. Perdoai-nos, quando vivermos a vida de nosso jeito e não de vosso jeito. Tende piedade de nós, Senhor!

— *Pai-nosso.*
— *Ave-Maria.*
— *Glória ao Pai.*

Cântico: **Vós sois meu Pastor, ó Senhor; nada me faltará, se me conduzis!**

No vale das sombras, o mal é vão temer. Se vos tenho a meu lado por que desfalecer?

3ª Estação:
Com o peso da cruz,
Jesus cai a primeira vez!

— Nós vos adoramos Senhor Jesus e vos bendizemos.
— Porque pela vossa Santa Cruz remistes o mundo.

A força dos pobres e dos desprezados neste mundo está na cruz de Cristo. Em sua queda abraça a terra para redimir os frágeis diante dos olhos dos prepotentes desta terra. O caminho da libertação é longo e difícil, tanto quanto é exigente a fidelidade ao Evangelho. Jesus vai gastando sua vida em favor dos remidos. Seu amor é como a fonte: Não pára de jorrar sobre nós. Não sejamos ingratos para com seu amor.

— "Eu vim para que tenham a vida e a tenham em abundância. Eu sou o bom pastor: O bom pastor dá sua vida pelas ovelhas. Eu dou a vida por minhas ovelhas!" (Jo 10,10-11.15b).

— Ó Deus de misericórdia, que destes a vida por mim, sustentai-me pela vossa graça e assim eu corresponda com vossa infinita bondade. Conduzi-me, Senhor, meu Deus, nos caminhos de vosso Reino!

— *Pai-nosso.*
— *Ave-Maria.*
— *Glória ao Pai.*

Cântico: Vós sois meu Pastor, ó Senhor; nada me faltará, se me conduzis!

Pusestes minha mesa para o festim real; ungistes-me a cabeça com óleo divinal!

**4ª Estação:
Jesus encontra-se
com sua Mãe, a Virgem Maria!**

— Nós vos adoramos Senhor Jesus e vos bendizemos.

— Porque pela vossa Santa Cruz remistes o mundo.

Mãe é presença constante em nossa vida. Não há dia ou hora, noite ou tempestade em que ela não esteja ao lado dos filhos confortando-os ou animando-os na esperança. Assim foi Maria. Desde o nascimento de Jesus até sua morte ela esteve presente junto dele. Ela nos ensina a ser fiéis até o fim em nossa fé em Cristo, o Filho de Deus que dela nasceu. Contemplemos a grandeza da Mãe que está ao lado do Filho na hora da dor. Está ao lado dos filhos confortando-os ou animando-os na esperança.

— "Houve um casamento em Caná da Galiléia e a mãe de Jesus estava lá. Como não houvesse mais vinho, a mãe de Jesus lhe diz: 'Eles não têm mais vinho'. E disse aos serventes: 'Fazei tudo o que ele vos disser!' " *(Jo 2,1-5).*

— Senhor Jesus, que nunca nos falte o vinho de vossa salvação, que nos devolve a vida e resgata os sofredores deste mundo para a plenitude da vida. Fazei-nos fortes e perseverantes na vivência de vossa Palavra!

— *Pai-nosso.*
— *Ave-Maria.*
— *Glória ao Pai.*

Cântico: Vós sois meu Pastor, ó Senhor; nada me faltará, se me conduzis!

Transborda em minha taça um misterioso vinho. Consolo e alimento, ao longo do caminho!

**5ª Estação:
Simão Cirineu ajuda
Jesus a carregar sua cruz**

— Nós vos adoramos Senhor Jesus e vos bendizemos.
— **Porque pela vossa Santa Cruz remistes o mundo.**

Uma só deve ser nossa dívida para com os irmãos e irmãs: O amor! Nada mais podemos ficar devendo para os outros. Simão Cirineu, mesmo que tenha sido obrigado a carregar a cruz de Jesus, participou com Ele nesta hora difícil e decisiva. A atitude de Simão Cirineu e do Bom Samaritano são semelhantes. Um foi obrigado, mas o outro decidiu-se em favor do amor ao irmão. Qual é nossa escolha de todos os dias? O amor ou o egoísmo?

— "Para carregar sua cruz, chamaram Simão Cireneu, pai de Alexandre e Rufo, que estava passando por ali, voltando do sítio!" (Mc 15,21).

— **Senhor, vós sofríeis muito no caminho do calvário. Mas recebestes ajuda daquele pobre homem do campo. Homem simples, como o Reino é dos simples e dos humildes. Senhor, inspirai-nos para que nossas atitudes sejam semelhantes à de Simão Cirineu ou iguais à do Bom Samaritano que decidiu-se em favor do amor!**

— *Pai-nosso.*
— *Ave-Maria.*
— *Glória ao Pai.*

Cântico: Vós sois meu Pastor, ó Senhor; nada me faltará, se me conduzis!

A luz e a graça vossas sem fim me seguirão, e o céu em recompensa um dia me darão!

6ª Estação: Verônica enxuga o rosto de Jesus!

— Nós vos adoramos Senhor Jesus e vos bendizemos.
— **Porque pela vossa Santa Cruz remistes o mundo.**

Há dor e pranto em nosso mundo. Eles são sinais de Deus para nós, mostrando-nos que nosso amor anda pequeno demais, e permite que o sofrimento provocado pela atitude humana fira e entristeça os irmãos. É a dor da ganância, da corrupção, da injustiça, dos que pensam só em si. Será que um corrupto está pensando em ganhar para ajudar seu irmão? Não! A atitude de Verônica, o ícone da verdade, interroga-nos profundamente.

— "Eu vos bendigo, ó Pai, Senhor do céu e da terra, porque estas coisas que escondestes aos sábios e entendidos, vós as revelastes à gente simples. Sim, Pai, porque assim foi de vosso agrado!" (Lc 10,21).

— Ó Deus de amor, vosso sofrimento é o sofrimento dos que são abandonados neste mundo. Os egoístas querem o mundo só para si, e em nada se preocupam com os outros. Dai-nos viver nossa fé com intensidade, e que nossos gestos sejam capazes de enxugar vosso rosto no rosto dos irmãos e irmãs sofredores!

— *Pai-nosso.*
— *Ave-Maria.*
— *Glória ao Pai.*

Cântico:[3] Seu nome é Jesus Cristo, e passa fome e grita pela boca dos famintos, e a gente, quando o vê,

---

[3] *Seu nome é Jesus Cristo e passa fome*, D.R., Paulinas Comep.

passa adiante, às vezes, pra chegar depressa à igreja. Seu nome é Jesus Cristo, e está sem casa, e dorme pelas beiras das calçadas, e a gente, quando o vê, apressa o passo e diz que ele dormiu embriagado.

Entre nós está e não o conhecemos. Entre nós está e nós o desprezamos!

7ª Estação:
Jesus cai pela segunda vez!

— Nós vos adoramos Senhor Jesus e vos bendizemos.

— **Porque pela vossa Santa Cruz remistes o mundo.**

O sofrimento de Jesus é grande; isso ninguém pode negar. Suas forças humanas se esvaem, mas seu amor torna-se mais forte que a morte. Sua dor é a misericórdia dele por nós. Sofre para nos redimir, nos fazer viver. A ingratidão não pode ter lugar no coração do mundo. Cristo merece no mínimo a admiração de todos os povos e nações, de todas as pessoas do mundo. Pensemos nisso.

— "Não são os que têm saúde que precisam de médico, mas os doentes. Ide aprender o que significa: Prefiro a misericórdia ao sacrifício. Com efeito, não vim chamar os justos, mas os pecadores!" (Mt 9,12b-13).

— **Senhor, vós sofrestes por amor de mim, e não hesitastes, em vosso sofrimento, aumentar vosso amor por mim. Não quero, Senhor Jesus, ser ingrato para convosco. Mais uma vez eu vos peço: Dai-me vossa misericórdia!**

— *Pai-nosso.*
— *Ave-Maria.*
— *Glória ao Pai.*

Cântico: Seu nome é Jesus Cristo, e é analfabeto, e vive mendigando um subemprego, e a gente, quando o vê, diz: "É um 'à-toa', melhor que trabalhasse e não pedisse". Seu nome é Jesus Cristo e está banido das rodas sociais e das igrejas, porque dele fizeram um rei potente, enquanto ele vive com o pobre.

Entre nós está e não o conhecemos. Entre nós está e nós o desprezamos!

**8ª Estação:
Encontro de Jesus com as mães de Jerusalém!**

— Nós vos adoramos Senhor Jesus e vos bendizemos.
— **Porque pela vossa Santa Cruz remistes o mundo.**

É belo o encontro de Cristo com nossa humanidade. Ele veio nos trazer a proposta do Reino. Quem o aceita redescobre a cada dia o sentido da vida. Não há vida sem Ele nem existe salvação fora dele. E no caminho da cruz, em sua dor, o Cristo consola, anima e exorta. Sua Palavra interroga nossas atitudes que não correspondem à verdade do Reino.

— "Seguia-o grande multidão de povo e de mulheres, as quais batiam no peito e o lamentavam. Voltando-se para elas, disse Jesus: 'Filhas de Jerusalém, não choreis por mim, mas chorai por vós mesmas e por vossos filhos... Porque, se fazem isto com o lenho verde, que se fará com o seco?'" (Lc 28,27-28.31).

— **Ó Cristo, meu Senhor e meu Deus, fazei-me descobrir em minha vida vossa Palavra redentora. Conduzi-me por vosso amor em vossos caminhos. Vossa Palavra me consola, mas também interroga meu jeito de viver. Dai-me a graça da conversão!**

— *Pai-nosso.*
— *Ave-Maria.*
— *Glória ao Pai.*

Cântico: Seu nome é Jesus Cristo, e está doente, e vive atrás das grades da cadeia, e nós tão raramente vamos vê-lo, sabemos que ele é um marginal. Seu nome é Jesus Cristo e anda sedento por um mundo de amor e de justiça, mas logo que contesta pela paz, a ordem o obriga a ser da guerra.

Entre nós está e não o conhecemos. Entre nós está e nós o desprezamos!

**9ª Estação:
Pelo peso redobrado
Jesus cai a terceira vez!**

— Nós vos adoramos Senhor Jesus e vos bendizemos.
— **Porque pela vossa Santa Cruz remistes o mundo.**
Vi o pobre revirando o lixo procurando descobrir o alimento que fora jogado fora. Queria matar a fome com a sobra do que não foi repartido. Os enfastiados escolhem e não repartem. A falta de partilha é falta de amor. A falta de solidariedade é falta de misericórdia. A acomodação diante da não-partilha faz com que Cristo se prostre outra vez no chão da vida. Sua queda não é sentimentalismo, é a verdade da redenção, de sua solidariedade carregada de presença redentora.

— "Pouco alimento é sustento do pobre; o pão dos indigentes é a vida dos pobres; quem não dá o correto alimento dos pobres tira a vida deles, sendo, portanto, um assassino. Mata o próximo que lhe tira seus meios de vida e sustento; e derrama sangue quem não paga o justo salário de seu funcionário!" (Eclo 34,25-26).

— Ó Cristo, há no mundo sofrimento e dor provocados por nossa ação egoísta. Despertai-nos para a sensibilidade do amor, da solidariedade e da partilha. Que os sem-voz e sem-vez tenham sua dignidade respeitada!

— *Pai-nosso.*
— *Ave-Maria.*
— *Glória ao Pai.*

Cântico: Seu nome é Jesus Cristo, e é difamado, e vive nos imundos meretrícios, mas muitos o expulsam da cidade com medo de estender a mão a ele. Seu nome é Jesus Cristo e é todo homem, que vive neste mundo ou quer viver, pois pra ele não existem mais fronteiras, só quer fazer de nós todos irmãos.

Entre nós está e não o conhecemos. Entre nós está e nós o desprezamos!

10ª Estação:
Jesus é despido
de suas vestes!

— Nós vos adoramos Senhor Jesus e vos bendizemos.

— Porque pela vossa Santa Cruz remistes o mundo.

Deus tomou a iniciativa de seu amor e nos criou à sua imagem e semelhança. No rosto de cada irmão e de cada irmã resplandece o rosto de Deus. E quando chegou a plenitude dos tempos Ele nos deu seu único Filho. E o Cristo não reserva para si nem suas próprias vestes. Aquele que doa sua vida por inteiro não tem direito nem de suas próprias vestes. Diante das reivindicações dos direitos humanos, quais são os direitos de Deus sobre nós?

— "Depois o crucificaram e dividiram suas vestes, decidindo pela sorte o que caberia a cada um. Era a hora terceira!" (Mc 15,24-25a).

— Ó Cristo, vós sois o Senhor do mundo e nem vossas vestes vos respeitaram. Perdoai minha ingratidão e meu pouco caso por vossa verdade. De hoje em diante tomai conta de minha vida!

— *Pai-nosso.*
— *Ave-Maria.*
— *Glória ao Pai.*

Cântico:[4] **Eu vim para que todos tenham vida! Que todos tenham vida plenamente!**

Eu passei fazendo o bem, eu curei todos os males. Hoje és minha presença junto a todo sofredor. Onde sofre o teu irmão, eu estou sofrendo nele!

**11ª Estação:
Jesus é pregado na cruz!**

— Nós vos adoramos Senhor Jesus e vos bendizemos.
— **Porque pela vossa Santa Cruz remistes o mundo.**
Aqueles que decidiram pela morte de Jesus imaginaram-se vitoriosos, porque agora Ele está pregado na cruz. Quem decide pela morte não está aberto para o diálogo nem para o amor. São mesquinhos e frágeis, pois não sabem tomar outra decisão. Na cruz de Cristo

---

[4] *Eu vim para que todos tenham vida*, Pe. José Weber, Paulinas Comep.

estão a vida e a esperança de todos os que se identificam com sua missão.

— "Os que passavam por lá o injuriavam, balançando a cabeça e dizendo: 'Ah! Tu que destróis o templo e o reconstróis em três dias, salva-te a ti mesmo, descendo da cruz!' Da mesma forma os sumos sacerdotes e os escribas zombavam dele!" (Mc 15,29-31a).

— Senhor, vós fostes por mim pregado na cruz. Não quero ter desculpas tirando minha responsabilidade para com vossa morte. As atitudes e decisões que não geram a vida são iguais às daqueles que decidiram por vossa morte. Perdoai-me, Senhor, meu Deus e Salvador!

— *Pai-nosso.*
— *Ave-Maria.*
— *Glória ao Pai.*

Cântico: Eu vim para que todos tenham vida! Que todos tenham vida plenamente!
Vim buscar e vim salvar o que estava já perdido. Busca, salva e reconduze a quem perdeu toda esperança. Onde salvas teu irmão, tu me estás salvando nele!

12ª Estação:
Jesus morre na cruz!

— Nós vos adoramos Senhor Jesus e vos bendizemos.

— **Porque pela vossa Santa Cruz remistes o mundo.**

Jesus foi fiel ao Pai até o fim. Por isso, no alto da cruz pôde entregar seu espírito. Os que vibram com a morte pensam ter vencido o Redentor. Às vezes imaginamos que nossas atitudes pequenas sejam grandes e nobres. É a pequenez de nossa humanidade. Reconheçamos, pois, que sem Ele nada somos e nada podemos. No Deus que por nós morreu na cruz está nossa vida e nossa salvação. E nós só podemos viver do jeito que Ele viveu.

— "À hora nona, Jesus gritou com voz forte: Eloí, Eloí lemá sabachtani? Isto quer dizer: Meu Deus, meu Deus, por que me abandonastes?... A cortina do templo rasgou-se de alto a baixo em duas partes. O centurião que estava diante dele, vendo como havia expirado, disse: Na verdade, este homem era filho de Deus!" (Mc 15,34.38-39).

— **Senhor Jesus Cristo, vós sois meu Deus Salvador. Perdoai minhas inúmeras faltas que cometi contra vós. Fazei, Senhor, que vosso amor me regenere e me faça viver plenamente em vós!**

— Pai-nosso.
— Ave-Maria.
— Glória ao Pai.

Cântico: Eu vim para que todos tenham vida! Que todos tenham vida plenamente!

Salvará a sua vida quem a perde, quem a doa. Eu não deixo perecer nenhum daqueles que são meus. Onde salvas teu irmão, tu me estás salvando nele!

13ª Estação:
Jesus é descido da cruz!

— Nós vos adoramos Senhor Jesus e vos bendizemos.

— Porque pela vossa Santa Cruz remistes o mundo.

A cruz é loucura para os que não crêem, mas é salvação para todos os que crêem no Filho de Deus, nascido entre nós e que nos deu sua própria vida. É triste a ingratidão dos homens e mulheres; como é terrível a frieza no coração humano. Pior, ainda, quando o ser humano prefere abandonar seu próprio Deus e abraçar sua precária ilusão. O Filho de Deus não tira nossa liberdade, apenas a torna adulta e digna.

— "Ao cair da tarde, veio um homem rico de Arimatéia, chamado José, que tambem se havia tornado discípulo de Jesus. Foi até Pilatos e pediu-lhe o corpo de Jesus. José tomou o corpo, envolveu-o num lençol limpo" (Mc 27,57-59).

— Senhor meu Deus, no mundo há pessoas que vos amam e vos acolhem, como José de Arimatéia acolheu vosso corpo e o sepultou! Vós que sois nosso Deus não tinha nem mesmo um lugar para ser sepultado. Senhor, a ganância proíbe o direito de se viver com dignidade neste mundo. Perdoai-nos!

— *Pai-nosso.*
— *Ave-Maria.*
— *Glória ao Pai.*

Cântico: **Eu vim para que todos tenham vida! Que todos tenham vida plenamente!**

Entreguei a minha vida pela salvação de todos. Reconstrói, protege a vida de indefesos e inocentes. Onde morre o teu irmão, eu estou morrendo nele!

14ª Estação:
Jesus é sepultado!

— Nós vos adoramos Senhor Jesus e vos bendizemos.

— Porque pela vossa Santa Cruz remistes o mundo.

Qual é o amor que nos conquista? Será que são nossos sentimentos que se diluem até com o sereno da madrugada? Os homens desejam e se deixam levar pelas recompensas, mas Deus quer somente cativar-nos a seu amor por meio de seus dons. Os santos sabem admirar e contemplar a beleza de Deus presente numa flor. Ainda precisamos aprender a ver o amor em nossa própria vida.

— José de Arimatéia "o depositou em seu sepulcro novo, que tinha mandado abrir na rocha. Depois rolou uma grande pedra à entrada do túmulo e retirou-se!" (Mc 27,57-60).

— Senhor meu Deus, quero viver minha fé com todas as minhas forças. Eu sei que pela fé quem morre em vós e convosco é sepultado também ressurgirá para a vida. É nesta fé, meu Deus, que eu quero viver!

— Pai-nosso.
— Ave-Maria.
— Glória ao Pai.

Cântico: Eu vim para que todos tenham vida! Que todos tenham vida plenamente!

Da ovelha desgarrada eu me fiz o Bom Pastor. Reconduze, acolhe e guia, a quem de mim se extraviou. Onde acolhes teu irmão, tu me acolhes também nele!

15ª Estação: Jesus ressuscita dos mortos!

— Nós vos adoramos Senhor Jesus e vos bendizemos.
— **Porque pela vossa Santa Cruz remistes o mundo.**

A ressurreição de Jesus é o sentido pleno de nossa fé. A verdade da fé não se enxerga com os olhos do corpo, mas com os olhos da alma. "Quem ama de verdade, sempre se lembra da pessoa a quem ama", dizia Santa Teresa. Por isso que as pessoas que amam de verdade sempre falam de Deus. E esta deve ser a comunicação entre os cristãos: O Deus que por mim morreu na cruz está vivo para sempre. Ele é minha única esperança de vida, de realização e de salvação. Sem Ele nada sou. Seja, pois, a ressurreição de Jesus nossa constante meditação, pois nela está a plenitude de nossa fé.

Cântico:[5] **Cristo ressuscitou, aleluia! Venceu a morte com o amor! Cristo ressuscitou, aleluia! Venceu a morte com o amor, aleluia!**

1. Tendo vencido a morte, o Senhor ficará para sempre entre nós, para manter viva a chama do amor que reside em cada cristão a caminho do Pai.

2. Tendo vencido a morte, o Senhor nos abriu horizonte feliz, pois nosso peregrinar pela face do mundo terá seu final na morada do Pai.

---

[5] *Cristo ressuscitou, aleluia*, Lindbergh Pires.

As Sete Últimas Palavras de Cristo na Cruz

"Não só de pão vive o homem, mas de toda palavra que vem da boca de Deus" (Lc 4,4). E dele nos vem a vida em plenitude: "Eu vim para que tenham vida, e a tenham em abundância" (Jo 10-10).

As últimas palavras de Cristo em sua paixão e morte são herança impossível de ser medida por quem quer que seja. As pequenas reflexões sobre as últimas palavras de Cristo desejam ajudar o cristão a redescobrir sua vida em Cristo. Somente é possível o cristão crescer no amor a Cristo e aos irmãos, se ele se esforçar em compreender a vida de Cristo, e trazer seu Evangelho para o interior de sua vida. O caminho de Jesus é nosso caminho. Por isso, podemos rezar o que aqui se propõe, de modo particular, ou em grupos, ou ainda em Comunidade.

Oração inicial

Senhor Jesus Cristo, vós sois nosso Redentor e nosso eterno Pastor. Vós que não buscais vossos próprios interesses, mas nos dais vossa vida, fazei-nos seguir vossos ensinamentos de vida e de salvação.

Meditando agora, Senhor, meu Deus Salvador, vossas últimas palavras no alto do calvário, queremos abrir sinceramente nosso coração para nele vos acolher e sermos transformados por vosso exemplo de amor.

Nós vos amamos, Senhor, e suplicamos vossa misericórdia para conosco, e para com todos os que vos buscam com sinceridade.

Fortalecei-nos na esperança e no amor para convosco e para com nossos irmãos e irmãs! Amém!

Cântico:[6] **Eu vim para que todos tenham/ que todos tenham vida plenamente!**

1. Reconstrói a tua vida em comunhão com teu Senhor, reconstrói a tua vida em comunhão com teu irmão. Onde está teu irmão, eu estou presente nele.

---

[6] Cântico de Pe. José Weber – Paulinas Comep.

2. Vim buscar e vim salvar o que estava já perdido. Busca, salva e reconduze a quem perdeu toda esperança.

3. Salvará a sua vida quem a perde, quem a doa. Eu não deixo perecer nenhum daqueles que são meus. Onde salvas teu irmão, eu estou vivendo nele.

Primeira Palavra

"Pai, perdoai–lhes, eles não sabem o que fazem."
(Lc 23,34)

Cristo em seu coração pleno de amor sabe somente perdoar àqueles que o maltratam. Desde o início de sua vida pública outra coisa Jesus não soube fazer senão perdoar. Os pecadores só puderam beneficiar-se de seu amor misericordioso. A vingança não tinha lugar em seu coração. Ele mostrou-nos até que ponto chega o amor do Pai por nós. Diante dele podemos tocar sua misericórdia porque ela está a nosso alcance.

Os homens falam de paz, mas fazem a guerra para conseguir a paz. Aquele que é a paz nunca fez nenhuma revolução para que ela acontecesse entre nós. Sua revolução foi a do perdão.

Quando rezamos o Pai-nosso, dizemos: "Perdoai-nos as nossas ofensas como nós perdoamos a quem nos tem ofendido". Que bom seria se essa verdade que rezamos se realizasse em plenitude no meio de nós. Mas, o mesmo Cristo que continua a nos perdoar, perdoará também essa fragilidade enraizada em nós. Perdoar é a verdade de Cristo, vivida por Ele no alto da cruz, e que deve estar enraizada em nosso coração.

T.: Perdoai-nos outra vez, ó Deus de amor! Brote no meio de nós vossa paz, fruto de vosso perdão e de vossa justiça! Amém!

— *Pai-nosso.*

— *Ave-Maria.*

— *Glória ao Pai.*

— Senhor, tende piedade de nós!

— Cristo, tende piedade de nós!

Cântico:[7] Vejam, eu andei pelas vilas, apontei as saídas, como o Pai me pediu.

Portas, eu cheguei para abri-las.

Eu cuidei das feridas como nunca se viu!

Por onde formos também nós, que brilhe a tua luz! Fala, Senhor, na nossa voz, em nossa vida. Nos-

---

[7] As estrofes de cada Palavra de Cristo são do cântico de: L.: J. Thomaz Filho / M.: Frei Fabreti – Paulinas Comep.

so caminho então conduz, queremos ser assim. Que o Pão da vida nos revigore no nosso sim!

Segunda Palavra

"Hoje estarás comigo no paraíso."
(Lc 23,43)

Dos lábios de Cristo nasceram palavras consoladoras àquele que lhe suplicou misericórdia naquela hora decisiva. Ali estava o Cristo, e no meio de seu sofrimento abriu as portas do paraíso ao bom ladrão. Interessante: Bom ladrão! Porque ali ele reconheceu suas faltas e suas falhas, sabia que sua vida não tinha sido vivida dignamente. Por isso, vai dizer para o outro: "Nós merecemos estar aqui, mas ele não!" Arrependimento! Conclusão da vida, e manifestada sua confiança no Cristo encontrou nele a misericórdia. Só um Deus que ama até o fim pode mesmo até o fim dar a salvação àqueles que lhe suplicam.

Esta é a hora de nossa conversão. A nosso alcance está a misericórdia do Senhor. Nós cremos no paraíso e na verdade de Cristo. E por isso podemos já fazer da terra o céu, se agora já vivermos no amor, na misericórdia e na compaixão. O Evangelho é a norma de vida para todos os que creem. Assim as portas do paraíso se abrem também para nós, como abriu para aquele que suplicou a misericórdia de Cristo no alto do calvário.

T.: Ajudai-nos, Senhor nosso Deus, a conquistar já aqui na terra o céu. Por isso, queremos viver em vosso amor e em vossa misericórdia! Ajudai-nos! Amém!

— *Pai-nosso.*
— *Ave-Maria.*
— *Glória ao Pai.*
— Senhor, tende piedade de nós!
— Cristo, tende piedade de nós!

Cântico: Vejam, fiz de novo a leitura das raízes da vida, que meu Pai vê melhor.
Luzes, acendi com brandura.
Para a ovelha perdida não medi meu suor!
Por onde formos também nós, que brilhe a tua luz! Fala, Senhor, na nossa voz, em nossa vida. Nosso caminho então conduz, queremos ser assim. Que o Pão da vida nos revigore no nosso sim!

Terceira Palavra

"Mulher, eis teu filho. Eis tua mãe."
(Jo 19,26-27)

Maria estava aos pés da cruz, como também o discípulo que Jesus amava. Os dois escutaram a palavra de Cristo: "Mulher, eis teu filho. Filho, eis tua mãe". Antes Maria ouviu o anúncio do Pai por meio do anjo Gabriel. Agora é seu próprio Pai quem anuncia a Maria: "Mulher, eis teu filho". Maria tornou-se ali a Mãe do novo Povo de Israel, o povo da nova Aliança. O discípulo que a acolheu em sua casa simboliza todos os cristãos que acolhem a verdade de Cristo. Não existem verdades para acreditarmos, mas uma única verdade que é a de Cristo. Nossas convicções, nossas descobertas, nosso desenvolvimento humano neste mundo somente ganham sentido na verdade de Cristo.

A Igreja é o povo do Senhor, que convocado por sua Palavra o escuta e pratica o que Ele ensina. Em nossos dias a proclamação alegre de Cristo, morto e ressuscitado, nos faz buscar sem cessar ao Cristo, a quem "Deus constituiu Senhor e Messias" (At 2,36).

A Palavra do Senhor nos educa e nos faz santos, nos faz ser Igreja viva, comprometida e participativa. Essa é a Igreja que nasce no alto do calvário. Por isso, acolher Maria é acolher seu próprio Filho, sua Palavra, sua Verdade. É ser verdadeiramente o Povo da nova e eterna Aliança.

T.: Senhor, perdoai-nos por não vivermos com intensidade vossa Palavra. Maria, missionária do Reino e Mãe da Igreja, ajudai-nos a ser discípulos e discípulas amados do Senhor, nosso Redentor! Amém!

— *Pai-nosso.*

— *Ave-Maria.*

— *Glória ao Pai.*

— Senhor, tende piedade de nós!

— Cristo, tende piedade de nós!

Cântico: Vejam, fui além das fronteiras, espalhei boa-nova: todos filhos de Deus.

Vida, não se deixe nas beiras

Quem quiser melhor prova: venha ser um dos meus!

Por onde formos também nós, que brilhe a tua luz! Fala, Senhor, na nossa voz, em nossa vida. Nosso caminho então conduz, queremos ser assim. Que o Pão da vida nos revigore no nosso sim!

Quarta Palavra

"Meu Deus, meu Deus, por que me abandonaste?"
(Mt 27,46)

Jesus está sofrendo no alto da cruz. É grande sua dor. Ali Ele faz a grande experiência humana do abandono no Senhor e do seu êxodo para junto dele. Deus nos faz experimentar a solidão, para que descubramos que não nos é possível viver sem Ele. As palavras de Cristo são palavras de confiança, e Ele sabe que o Pai não o abandonará. Jesus, nessas palavras, manifesta seu amor-confiança no Pai. A nós Ele ensina que Deus não nos abandona jamais.

Seja qual for a realidade que estivermos vivendo, nossa confiança deve ser depositada no Senhor. Aquele que nos criou por amor não nos abandona à própria sorte. O Filho não foi abandonado pelo Pai nem será abandonada qualquer criatura nascida de seu amor. A fidelidade ao Senhor até ao fim, como foi a de Jesus, se dá também na hora difícil, de sentimento de abandono, onde não encontramos mais nenhuma força ou ânimo. É preciso sim, fazermos a experiência do abandono para que nos tornemos fiéis e adultos na fé.

T.: Conservai-nos, Senhor, na fé que tudo suporta e tudo compreende. Guiai-nos em vosso amor, para que, seguindo vosso exemplo, também sejamos capazes de suportar as horas difíceis que a vida neste mundo nos impõe! Consolai-nos nas horas de abandono! Amém!

— *Pai-nosso.*
— *Ave-Maria.*
— *Glória ao Pai.*
— Senhor, tende piedade de nós!
— Cristo, tende piedade de nós!

Cântico: Vejam, procurei bem aqueles que ninguém procurava e falei de meu Pai.
Pobres, a esperança que é deles
Eu não quis ser escrava de um poder que retrai!
Por onde formos também nós, que brilhe a tua luz! Fala, Senhor, na nossa voz, em nossa vida. Nosso caminho então conduz, queremos ser assim. Que o Pão da vida nos revigore no nosso sim!

Quinta Palavra

"Tenho sede!"

(Jo 19,28)

Cristo está no alto da cruz. Sofre as dores do martírio. Está lá por sua fidelidade ao projeto do Pai, projeto de amor infinito. A humanidade o rejeita, mas Ele continua fiel. Sua morte e seu sofrimento tornaram-se sinais de seu dom de amor. Amor que não vacila e é fiel até o fim. O Espírito que conduziu Jesus ao deserto é o mesmo que o acompanha agora no alto da cruz. Seu sangue derramado e suas palavras: "Tenho sede!" manifestam seu desejo infinito de amor para com nossa humanidade, no Espírito que dá a vida.

Podemos dizer que o Cristo continua a *ter sede*. Sede de ver nossa humanidade vivendo os valores do Reino: Justiça, Fraternidade, Misericórdia, Compaixão, Docilidade, Amor até o fim. A sede de Deus é que as nações acolham sem reservas a verdade do Reino, e haja paz e respeito entre os povos.

Nas palavras de Cristo: "*Tenho sede!*", realiza-se a eterna Aliança de amor do Pai com o povo da nova Aliança, o novo Povo de Deus, nascido do coração de Cristo. Não é possível para nenhuma pessoa deste mundo realizar-se plenamente sem Cristo. As realizações que achamos conseguir neste mundo são frágeis e não se sustentam. Olhemos, pois, para o Cristo e contemplemos sua total entrega de amor por nós.

T.: Senhor Jesus Cristo, vós nos destes a vida por inteiro e fizestes de nós o povo da nova e eterna Aliança. Por vossa entrega de amor, fazei-nos compreender e corresponder com vosso infinito amor por nós! Amém!

— *Pai-nosso.*

— *Ave-Maria.*

— *Glória ao Pai.*

— Senhor, tende piedade de nós!

— Cristo, tende piedade de nós!

Cântico: Vejam, semeei consciência nos caminhos do povo, pois o Pai quer assim.

Tramas, enfrentei prepotência

Dos que temem o novo qual perigo sem fim!

Por onde formos também nós, que brilhe a tua luz! Fala, Senhor, na nossa voz, em nossa vida. Nosso caminho então conduz, queremos ser assim. Que o Pão da vida nos revigore no nosso sim!

Sexta Palavra

"Tudo está consumado!"

(Jo 20,30)

Eis as últimas palavras de Cristo: *"Tudo está consumado!"* No anúncio do Reino, nas oposições que lhe fizeram, no cuidado dos mais abandonados do mundo socorrendo-os com sua misericórdia, na dor e na morte, em tudo que por Ele foi realizado, Cristo pôde dizer: *Tudo está consumado!* Não houve hesitação em sua fidelidade. De seu corpo macerado saíram sangue e água. O sangue é a vida doada até o fim, a água é a vida que nasce do Espírito Divino para toda a humanidade.

Como pode um Deus, diante de tamanha ingratidão humana, continuar a oferecer para nossa humanidade a vida e a salvação? Só um Deus que ama até o fim pode fazer assim. Sua morte trouxe vida em abundância. Nele está a decisão de nossa vida. Nele temos a vida. Fora dele só encontramos a morte. A escolha e decisão são nossas. Ele já fez a parte dele.

Certamente para todos os que procuram viver com dignidade sua fé, e se esforçam para viver nele, na hora decisiva poderão também dizer: *Tudo está consumado, porque me esforcei para viver do jeito que Ele ensinou.* Sejam, pois, nossas decisões semelhantes às de Cristo.

T.: Senhor Jesus Cristo, vós nos ensinastes o caminho da vida e da salvação, e por nós oferecestes vossa vida na cruz! Despertai nossa consciência para que o amor seja nossa única dívida para com os irmãos e irmãs! Amém!

— *Pai-nosso.*

— *Ave-Maria.*

— *Glória ao Pai.*

— Senhor, tende piedade de nós!

— Cristo, tende piedade de nós!

Cântico: Vejam, do meu Pai a vontade eu cumpri passo a passo. Foi pra isso que eu vim.

Dores, enfrentei a maldade, mesmo frente ao fracasso eu mantive o meu sim.

Por onde formos também nós, que brilhe a tua luz! Fala, Senhor, na nossa voz, em nossa vida. Nosso caminho então conduz, queremos ser assim. Que o Pão da vida nos revigore no nosso sim!

Sétima Palavra

"Pai, em tuas mãos entrego meu espírito."
(Lc 23,46)

Aquele que passou fazendo o bem entregou sua vida ao Pai. No início da criação, Deus estabeleceu o Jardim do Éden para que na terra a humanidade já vivesse no paraíso. Mas a resposta da humanidade não correspondeu ao desejo de Deus. Ela disse sim, quando deveria dizer não. Disse não, quando deveria dizer sim.

Jesus sofreu o fim dramático estabelecido pelos homens que continuaram a dizer não. Jesus é sepultado numa sepultura dentro de um jardim, relembrando-nos que o desejo de Deus para que vivamos num paraíso continua.

A ressurreição de Cristo é a nova criação de nossa humanidade. O Pai aprovou tudo o que Cristo fez, e por isso ressuscitou-o dos mortos. Abriu-nos de novo a possibilidade de viver na comunhão com Deus. Sabemos por experiência que sem a comunhão com Deus não há realização humana alguma.

Portanto, as palavras finais de Cristo nos chamam a restabelecer nossa consciência de compromisso com a vida e com o Reino. E, se o desejo de Deus continua sendo o paraíso, cabe agora a todos e cada um de nós fazermos o esforço necessário para que ele se realize entre nós. Deus já fez sua parte. Falta a nossa.

T.: Senhor nosso Deus, nosso desejo é cumprir em nossa vida vossos desígnios, como Cristo, que os cumpriu até o fim! Mas sem vós nada podemos fazer! Por isso, concedei-nos vossa graça para que vossa vontade se realize entre nós e em nós! Amém!

— *Pai-nosso.*

— *Ave-Maria.*

— *Glória ao Pai.*

— Senhor, tende piedade de nós!

— Cristo, tende piedade de nós!

Cântico: Vejam, eu quebrei as algemas, levantei os caídos, do meu Pai fui as mãos.

Laços, recusei os esquemas.

Eu não quero oprimidos, quero um povo de irmãos!

Por onde formos também nós, que brilhe a tua luz! Fala, Senhor, na nossa voz, em nossa vida. Nosso caminho então conduz, queremos ser assim. Que o Pão da vida nos revigore no nosso sim!

Oração final

Senhor, arrancai de nossa vida todos os desejos que não estão de acordo com vossa bondade nem com vosso Evangelho. E cheios de fé, pedimo-vos:

Não haja mais, Senhor, trevas no coração humano capaz de fazer a guerra e outras vezes incapaz de ser solidário e irmão de verdade.

Defendei-nos e guardai-nos, quando a noite da insegurança e da acomodação tentar invadir nossa existência e desviar-nos de vossos caminhos.

Conduzi-nos nesta vida, Senhor, por vossa infinita misericórdia. Amém!

Celebração das Dores de Maria - 1

O caminhar do Povo de Deus nas dores de Maria!

1ª Dor: A PROFECIA DE SIMEÃO
2ª Dor: A FUGA PARA O EGITO
3ª Dor: PERDA DO MENINO JESUS
4ª Dor: O CAMINHO DO CALVÁRIO
5ª Dor: MORTE DE JESUS NA CRUZ
6ª Dor: DESCIDA DA CRUZ
7ª Dor: A SEPULTURA

(O Dirigente, ao iniciar a celebração, dirige aos presentes uma pequena palavra, no sentido de convidar todos a viver a vida de Maria, em sua dor. Lembrar que o mistério da dor de Maria está fundado no mistério da dor de Cristo. Ela é participante ativa do anúncio do Reino juntamente com Jesus. A introdução não é um "sermão", mas um chamado de atenção para o mistério da celebração.

Os cânticos são sugestões, e é melhor que eles sejam do conhecimento de todos ou da maioria dos presentes. Por isso podem ser escolhidos outros cânticos, conforme o espírito da celebração.)

Cântico inicial

Vem, Maria vem, vem nos ajudar, neste caminhar tão difícil rumo ao Pai

1. Vem, queria Mãe, nos ensinar a ser testemunhas do Amor, que fez do teu corpo sua morada, que se abriu pra receber o Salvador!

2. Nós queremos, ó Mãe, responder, ao Amor do Cristo Salvador. Cheios de ternura, colocamos confiantes em tuas mãos esta oração.

1ª Dor:

A Profecia de Simeão

D.: Mais que todas as pessoas de seu tempo, Maria olhava para o céu e suplicava a vinda do Salvador. Em todos os tempos, com todas as raças e línguas, devemos olhar para o céu de onde nos vem a força do amor.

L. 1: As injustiças entre os homens machucam os pobres, os doentes, os povos indígenas, os marginalizados.

L. 2: As injustiças que ferem as crianças e os jovens são vozes dissonantes que ferem o projeto de Deus.

T.: Dentro de nós há uma sede que nos envolve: A da esperança e a da paz, de alguém que nos socorra e nos salve!

Cântico: *Eu vim para que todos tenham vida. Que todos tenham vida plenamente!*

D.: Quando o anjo perguntou a Maria se ela aceitava ser a Mãe do Salvador, ela bem sabia que estava aceitando um caminho de espinhos e de lágrimas.

L. 1: Ela conhecia seu povo, conhecia os dirigentes da nação. Conhecia a ganância do coração dos homens.

L. 2: Ela sabia que estava unindo sua sorte à sorte sofrida dos enviados de Deus.

Cântico: *Vem, Maria, vem, vem nos ajudar, neste caminhar, tão difícil rumo ao Pai!*

D.: Quando Jesus nasceu, Maria e José o levaram ao Templo para oferecê-lo a Deus. E o velho Simeão que recebeu a criança nos braços, profetiza para Maria:

T.: **"Uma espada de dor/ transpassará vosso coração".**

D.: Quando nossa pátria foi oficialmente descoberta, nela viviam cinco milhões de indígenas. Em nossa pátria de hoje eles estão dizimados, massacrados e feridos em seu direito de pátria, direito de cidadãos. A República foi fundada para que todos pudessem participar no bem comum da pátria. Mas vemos que uns têm mais direitos que outros. Quando virá o dia de sua libertação?

48

T.: "Virá o dia em que todos transformarão/ as espadas em arados,/ as armas em flores/ e os campos de guerra em jardins"!

Cântico: *Eu vim para que todos tenham vida. Que todos tenham vida plenamente!*

D.: Maria tem seu Filho recém-nascido em seus braços! Maria, em seus mesmos braços, tem os filhos sofridos desta pátria, e alivia-lhes a dor.

L. 1: Corta o coração da mãe: crianças mortas antes de nascer!

L. 2: Corta o coração da mãe: crianças subnutridas, abandonadas, menores abandonados!

D.: Corta o coração da mãe: indígenas sem o amanhã! Jovens sem futuro! Famílias sobrevivendo a duras penas! Filhos chorando de fome de pão e de dignidade!

D.: Transborda o coração: a esperança de uma "pátria sem males", de uma terra de irmãos!

Cântico: *Vem, Maria, vem, vem nos ajudar, neste caminhar, tão difícil rumo ao Pai!*

D.: Oremos: Mãe das Dores, o Brasil é vosso, e o povo desta pátria quer viver em paz e na dignidade. Ajudai-nos com vossa força maternal. Ajudai-nos a ser uma "pátria sem males", uma terra de irmãos! Amém!

Cântico: Santa Mãe Maria, nesta travessia, cubra-nos teu manto cor de anil! Guarda nossa vida, Mãe Aparecida, Santa Padroeira do Brasil!

Ave, ave, Maria! Ave, ave, Maria!

2ª Dor:

A Fuga para o Egito

L. 1: Jesus era ainda bem pequeno, vivia a simplicidade.

L. 2: Sua Mãe e seu pai adotivo eram pessoas comuns.

D.: Mas a vida de Jesus já incomodava até o rei Herodes.

L. 1: Através dos Magos, Herodes fica sabendo do nascimento de Jesus.

L. 2: E fica sabendo que Jesus vinha da parte de Deus, para ser o rei dos judeus. Herodes tem medo de que Jesus venha tomar o seu reino.

T.: Herodes manda matar/ todos os meninos de Belém,/ de dois anos para baixo,/ buscando assim exterminar também Jesus.

D.: Pesa sobre os ombros de Maria o sim que dera a Deus e a seus planos.

L. 1: Com José, deixa sua casa em Belém, deixa seus familiares, deixa sua pátria.

L. 2: E de noite parte com o Menino para o Egito, para uma terra estranha.

D.: O que importava a Maria era defender a vida de seu Filho.

D.: Tudo o mais tornava-se menor: a pátria que deixava, as dificuldades que os esperavam.

Cântico: *Mulher peregrina, força feminina, a mais importante que existiu. Com justiça queres, que nossas mulheres sejam construtoras do Brasil.*

L. 1: Em tantas mães do Brasil, Maria continua sua fuga para defender a vida de seus filhos.

L. 2: Expulsa de suas terras, a mãe trabalhadora luta pelo pão dos filhos. No subemprego ou no desemprego, ela sofre a dor da mãe que luta pela vida e pela dignidade. Maria é a mãe dos que lutam pela vida.

L. 1: Mãe, que prefere deixar sua terra.

L. 2: Mãe, que prefere tornar-se miserável nas periferias das cidades.

T.: Triunfem a vida e a esperança mesmo que minguada sobre os gananciosos e egoístas Herodes de nossos dias. A vida seja vitoriosa. Vitoriosos sejam todos os que lutam pela vida.

Cântico: *Maria, Mãe dos caminhantes, ensina-nos a caminhar. Nós somos todos viandantes, mas é preciso sempre andar. De medo foi a caminhada, que para longe te levou, para escapar à vil cilada que um rei atroz te preparou! Maria, Mãe dos caminhantes ...*

D.: Oremos: Maria, Mãe amante da vida, o Brasil é vosso! Mas, ainda não é vosso o coração de tantos filhos! Vencei em nós a ganância, a sede de poder que nos leva a expulsar, a matar, a explorar; que continuam ferindo vosso coração de Mãe! Ajudai-nos a construir uma "terra sem males"!

T.: Amém!

Cântico: Com amor divino, guarda os peregrinos, nesta caminhada para o além! Dá-lhes companhia, pois também um dia, foste peregrina de Belém!

Ave, ave, Maria! Ave, ave, Maria!

3ª Dor:

Perda do Menino Jesus

D.: José, Maria e o Menino sobem ao templo para a festa da Páscoa. De volta para casa Jesus fica em Jerusalém, no templo, discutindo com os doutores da lei. Ainda no caminho, percebem que o Menino não estava entre eles na caravana. Voltam aflitos e o encontram, dirigindo-lhe uma queixa angustiada:

L. 1: "Filho, por que fizeste isto conosco? Olha que teu pai e eu, aflitos, te procurávamos" (Lc 2,48).

L. 2: "Não sabíeis que devo ocupar-me com as coisas de meu Pai"?, disse-lhes Jesus.

L. 1: Quantas Mães sofrem por causa de seus filhos! Dor de mãe é a maior que existe!

L. 2: Amor de mãe é o maior também.

T.: Não há maior amor que dar a vida!/ Não há maior amor que defender a vida!

Cântico: *Aceita, Senhor, meu desejo de viver. De viver o mandamento do amor.*

D.: Apesar da dor da perda do Menino Deus, Maria não perde a esperança. Apesar de tudo, ela não deixa de ser doação.

L. 1: Apesar de tudo, as Mães nunca abandonam seus filhos,

L. 2: nunca querem ver os filhos longe, distantes.

L. 1: O coração de mãe sempre sabe amar.

L. 2: O coração de mãe sempre sabe perdoar.

T.: **Mães sofredoras,/ que confortam os filhos,/ na esperança da justiça./ Mães sofredoras,/ Mães que têm um coração de América.**

Cântico: *Senhor, vem salvar teu povo, das trevas da escuridão. Só tu és nossa esperança, do povo, libertação. Vem, Senhor, vem nos salvar. Com teu povo, vem caminhar!*

D.: Deus fez tantas coisas! Criou o universo inteiro, e por amor fez o homem e a mulher a sua imagem e semelhança. Só um Deus pode amar assim, com tanta intensidade. Por isso Ele é Pai.

L. 1: Só um Deus que ama infinitamente pode dar-nos seu único Filho.

L. 2: Só um Deus que ama pode abrir-nos as portas de seu Reino.

T.: "De tal modo,/ Deus amou o mundo/ que nos entregou o seu Filho único!" (Jo 3,16).

D.: Jesus ficou no templo falando aos doutores sobre a vida e a vinda do reino do Pai. O reino gera a vida, e a vida é o dom mais precioso. Defender a vida é ocupar-se daquilo que é do Pai.

T.: Defender a vida: Eis nossa missão e nossa obrigação: do pobre, dos oprimidos, dos injustiçados. Defender a vida: Eis o que é pertencer ao Reino do céu.

Cântico: *Quando os pés o chão tocarem, para a dança começar; quando as mãos se entrelaçarem, vida nova há de brotar!*

L. 1: Defende a vida,

T.: quem luta contra as injustiças.

L. 2: Defende a dignidade humana,

T.: quem luta contra as leis injustas e interesseiras.

L. 1: Defende os moradores de rua, os que vivem do subemprego, os que mendigam por necessidade, os que não têm casa, família nem chão para plantar,

T.: quem reconhece que eles são nossos irmãos.

D.: A vida não é para ser tirada. A vida não pode ser massacrada pelos famintos de poder e de dinheiro! Os Pilatos de hoje lavam as mãos diante da opressão, da violência, da política interesseira e diante daqueles que sozinhos querem ser os donos do mundo.

D.: Jesus ficou perdido no templo. Quantas famílias e povos, gente grande e gente pequena jogados à sorte na vida. É preciso que existam mãos estendidas, como as mãos de Maria, que acolhem e abraçam o filho re-encontrado. É preciso ter as mãos de Maria para sempre fazer brotar a vida, como da fonte brota a água límpida e cristalina.

T.: **É preciso ter as mãos de Maria / e deixar a vida viver!**

Cântico: *Vai ser tão bonito se ouvir a canção, cantada de novo. No olhar da gente a certeza do irmão, reinado do povo!*

D.: Oremos: Mãe amada, o Brasil é vosso! De sua gente sois protetora! Nós vos oferecemos as dores deste povo. Eis, Senhora, as dores deste Cristo-Povo-Irmão. Sejam ouvidos seus clamores, na defesa de seu chão! Que os males e as fronteiras, a autossuficiência e o egoísmo deem lugar ao pleno amor!

T.: Amém!

Cântico: Com seus passos lentos, enfrentando os ventos, quando sopram noutra direção. Toda a Mãe Igreja pede que tu sejas companheira de libertação!
Ave, ave, Maria! Ave, ave, Maria!

4ª Dor:

O Caminho do Calvário

D.: Jesus chega à idade adulta. Atinge a plenitude, nele também sua decisão de levar às últimas consequências a missão recebida do Pai.

L. 1: Jesus não aceita a menor injustiça cometida contra os mais pequeninos de seus irmãos.

L. 2: Jesus não aceita a hipocrisia: a maldade contra os semelhantes, escondida no disfarce de orações piedosas, no pagamento de dízimos e taxas.

T: "Ide aprender o que significa:/ 'Eu quero a misericórdia e não sacrifícios'" (Mt 9,13a).

Cântico: *Onde há o amor e a caridade, Deus aí está.* (bis)

D.: Jesus vem propor uma sociedade nova que exige conversão do coração, da mente, dos sentimentos, das atitudes.

D.: Ele propõe a igualdade fraterna entre todos:

L. 1: "Não vos façais chamar de mestres, pois um só é vosso Mestre,

T.: e todos vós sois irmãos" (Mt 23,8).

D.: Ele propõe uma luta mortal contra o egoísmo, contra a vontade de dominar, de parecer mais importante que os outros.

L. 2: "Vós sabeis que os que são considerados chefes das nações as dominam,

L. 1: E os seus grandes fazem sentir seu poder,

D.: "Entre vós não deve ser assim,

L. 2: Quem quiser ser o maior entre vós,

T.: seja aquele que vos serve,

L. 1: E quem quiser ser o primeiro entre vós,

T.: seja o escravo de todos!" (Mc 10,42-44).

D.: Palavras tão transparentes incomodavam a muitos! E mais, não eram só palavras! O que Jesus propunha a todos brotava mais de sua vida e atitudes, do que de seus lábios.

L. 2: "Pois o Filho do Homem não veio para ser servido,

T.: **mas para servir/ e dar sua vida em resgate por muitos"** (Mc 10,45).

D.: Tanta coerência de vida, projeto tão belo, não podia ser tolerado pela feiura da ganância, da glória e do poder! E a maldade, aninhada no coração humano, prende, flagela, injustamente condena Jesus à morte e o leva para a execução na cruz.

D.: E nessa marcha para a morte, Maria encontra seu Filho Jesus.

L. 1: O fruto de suas entranhas, agora odiado de ódio mortal!

L. 2: O Messias que ela tanto esperara, que era a luz de seu povo, agora sendo apagado do meio dos vivos!

D.: E Maria não tira a cruz dos ombros de seu Filho. E mais pela presença do que por palavras, garante-lhe a solidariedade, encoraja-o a ser fiel ao Pai,

T.: **Até o fim!/ Até o extremo do amor!**

Cântico: *Prova de amor maior não há, que doar a vida pelo irmão! Prova de amor maior não há que doar a vida pelo irmão!*

D.: Hoje, Maria continua a Mãe indefesa e impotente, contra os injustos violadores da vida de seus filhos.

T.: Impotente, mas Mãe solidária / no calvário de seus filhos!

L. 1: Impotente e solidária junto ao filho agonizante, vítima da fome, do descaso em seu direito à saúde.

L. 2: Impotente e solidária junto a seu filho indígena, morto em sua esperança pela terra que lhe foi roubada!

L. 1: Impotente e solidária junto ao filho dependente das drogas, da bebida, e que ela não consegue libertar pela força de seu amor.

L. 2: Impotente e solidária diante do desemprego e do subemprego que hoje continuam prendendo, flagelando, condenando injustamente seus filhos, pelo único crime de terem o direito divino à vida!

Cântico: *Eu vim para que todos tenham vida! Que todos tenham vida plenamente!*

D.: Oremos: Maria, Mãe presente junto a vossos filhos em todos os caminhos de calvário! Encorajai-nos, querida Mãe, em nosso calvário: ajudai-nos a lutar por um Brasil fraterno e solidário e até morrer por uma "terra sem males"!

T.: Amém!

Cântico: Prova de amor maior não há, que doar a vida pelo irmão!

Eis que eu vos dou um novo mandamento: Amai-vos uns aos outros como eu vos tenho amado!

5ª Dor:

Morte de Jesus na Cruz

D.: Maria, a mulher forte e fiel. Condenada a assistir ao assassinato de seu Filho Jesus, ela responde àqueles que o crucificavam com um gesto que brota somente do coração de quem é fiel!

T.: "Junto à cruz de Jesus,/ permanecia de pé/ sua mãe, Maria!"

L. 1: "Jesus deu um forte grito: 'Pai em tuas mãos entrego o meu espírito!'"

L. 2: Dizendo isso, Jesus expirou. Terminou sua vida neste mundo.

T.: A ingratidão gera a morte!/ A ganância gera a morte./ A ânsia do poder e do prazer/ gera as guerras/ e mata a vida:/ do pobre, do desempregado, do índio/ do abandonado pelo mundo dos homens.

Cântico: *Senhor, tende piedade de nós! Cristo, tende piedade de nós! Senhor, tende piedade de nós!*

D.: Jesus pregara a Boa Nova para formar o novo Povo de Deus. Suas palavras sobre a justiça, sobre o amor fraterno, sobre o uso do poder para servir e não para dominar, saíam de seus lábios com tanta autoridade que a multidão oprimida acorria até ele e nele se agarrava como sua única esperança.

L. 1: Isso não agradou aos poderosos de seu tempo, aos gananciosos de poder, de dinheiro, aos dominadores do povo.

L. 2: Isso não agrada aos poderosos, aos gananciosos, aos exploradores do povo pobre e dos indígenas nos tempos de hoje.

T.: Isso não agrada a quem nunca leva em conta o Filho de Deus!

Cântico: *Vem, ó Senhor, com o teu povo caminhar! Teu corpo e sangue, vida e força vem nos dar!*

D.: No caminho do calvário, Maria encontra-se com seu Filho Jesus. A sociedade, condenando Jesus, também condenava Maria, sua Mãe. Eles bem sabiam que colocando a cruz sobre os ombros de Jesus também colocavam a cruz sobre os ombros de Maria. Também Maria foi condenada à morte porque na casa de Isabel ela gritou:

T.: **"Ele vai derrubar os poderosos de seus tronos./ E os ricos serão despedidos de mãos vazias"** (Lc 1,52).

D.: No Brasil de hoje, muitos condenam os irmãos de pátria à morte: pela exploração econômica, pela exploração da inocência dos simples e pequeninos, pela corrupção daqueles que não têm consciência de sua própria dignidade.

L. 1: A vida é roubada. Os pobres, os negros, os indígenas são condenados à cruz do egoísmo dos inúteis e ambiciosos.

L. 2: Não podemos ficar indiferentes aos sofrimentos dos outros! Não podemos ficar indiferentes à condenação de cruz de nossos irmãos! É o Cristo que neles é de novo crucificado!

T.: **"Não podemos ficar passivos/ diante da falta de distribuição justa/ dos bens da pátria!"**

Cântico: *Ensina teu povo a rezar, Maria, Mãe de Jesus. Que um dia teu povo desperta e na certa vai ver a luz. Que um dia teu povo se anima e caminha com teu Jesus!*

D.: Maria, condenada a ver a morte de Jesus na cruz. Mães de hoje condenadas a ver seus filhos no caminho das drogas, sendo vítimas dos inúteis traficantes, do desemprego, dos crimes cometidos de tantos modos.

L. 1: Pedimos pelas mães que carregam a cruz da pobreza, pelas mães que veem seus filhos chorarem por um pedaço de pão.

L. 2: Pedimos pelas mães que imploram um trocadinho para comprar um pouco de leite para seus filhos.

L. 1: Pedimos pelas mães abandonadas por seus maridos e pelas mães abandonadas por seus filhos.

L. 2: Pedimos pelas mães que se vendem para não ver seus filhos chorarem de fome.

L. 1: Pedimos pelas mães que são impedidas de viver com seus filhos.

L. 2: Pedimos pelas mães indígenas, negra, branca, brasileira ou ameríndia, europeia ou asiática. Pedimos pelas mães que se doam e geram a vida.

D.: Que nosso coração se compadeça da dor e do sofrimento de tantos que estão em nosso meio! Não deixemos que seja em vão a morte de Cristo na cruz!

Cântico: *Bastariam dois pães e dois peixes, e o milagre do amor, prá acabar com tanta fome, acabar com tanta dor!*

D.: Oremos: Maria, Mãe aos pés da cruz, fazei-nos ser fortes e fiéis a vosso Filho Jesus. Vós vos tornastes, aos pés da cruz, a Mãe do Povo de Deus. Mãe desses povos da América calada, Senhora de Guadalupe, ajudai-nos a cantar o canto da esperança e a nos encantar com o horizonte formoso que desponta nos olhos de quem ama vosso Filho Jesus.

T.: Amém!

Cântico: Prova de amor maior não há, que doar a vida pelo irmão!

Vós sereis os meus amigos se seguirdes meu preceito: Amai-vos uns aos outros como eu vos tenho amado!

6ª Dor:

Descida da Cruz

D.: A Mãe, como ninguém, revela a nós seus filhos o amor que Deus tem pela vida.

L. 1: A Mãe abre espaço em seu corpo, e o transforma em primeiro palácio e berço da vida!

L. 2: Por nove meses, é tamanho seu amor de Mãe que ela se confunde com a própria vida que carrega no seio!

T.: Sua respiração é respiração do filho!/ Sua alimentação é alimentação do filho!/ O cuidado que tem consigo mesma/ é cuidado com seu filho!

Cântico: *Uma terra sem males queremos: mesa farta, partilha do pão./ Terra, casa, trabalho, família,/ onde brota o calor da união.*

D.: No aconchego de seu ventre por nove meses, a Mãe foi a defesa da vida, viveu inteiramente pela vida aninhada em seu corpo.

D.: Mas ao dar a vida à luz, quantas vezes seu coração sofre:

L. 1: São as trevas, é a maldade, são interesses mesquinhos que, longe de acolherem,

L. 2: excluem, marginalizam a mesma vida que ela acolhera e guardara com tanto carinho!

L. 1: A vida de seus filhos ameaçada pela discriminação racial, sexual, social,

L. 2: ameaçada pela violência armada,

L. 1: ameaçada pela política inescrupulosa que privilegia uma pequena maioria às custas da exclusão de grandes maiorias!

L. 2: Ameaçada pela sociedade que joga fora a vida no lixo das residências desumanas, nas favelas, nos cortiços!

D.: Mas uma dor infinitamente maior feriu o coração de Maria, acolher em seus braços o corpo morto de seu Filho,

L. 1: aquele corpo formado de sua carne, de seus ossos, de seu sangue,

L. 2: aquele corpo, pedaço de si mesma, mas sem vida!

D.: A dor maior do amor, a dor maior da Mãe,

T.: sem poder fazer nada, pela vida que gerou e tanto amou!

D.: Mas um divino consolo Maria experimenta:

L. 1: Suas lágrimas não eram tardias demais,

L. 2: não brotavam de seu remorso,

T.: Não! Ela tudo fizera por aquela vida!

D.: Ela podia até atribuir a si as palavras divinas:

T.: Filho, / o que poderia eu ter feito por ti, / que eu não fiz?

D.: Hoje, quantas Mães revivem a dor de Maria junto à cruz de seu assassinado Filho Jesus!

L. 1: Mães igualmente impotentes, mas não menos Mães, não menos solidariedade ao redor do cadáver de seus filhos!

L. 2: Arrancados da vida na infância indefesa,

L. 1: arrancados da vida na juventude, no preparo imediato para a vida!

T.: Mães, obrigados por serdes sempre Mães!/ Obrigados por serdes Maria,/ solidariedade impotente,/ mas sempre presente,/ mesmo junto a corpos inanimados/ daqueles que são sempre vossos filhos!

D.: Oremos: Querida Mãe, obrigados por vossa presença constante em nossa vida! Dai a todas as Mães de hoje cumprirem sua missão, como vós cumpristes a vossa: sendo sempre Mães! Mães sobretudo na vida de seus filhos! E Mães que nem a morte de seus filhos impede de serem Mães.

T.: Amém!

Cântico: Prova de amor maior não há, que doar a vida pelo irmão!

Como o Pai sempre me ama, assim também eu vos amei: Amai-vos uns aos outros como eu vos tenho amado!

7ª Dor:

A Sepultura

D.: Será que existe dor maior para uma mãe, do que a dor de ver seu filho morto? Será possível medir a dor de uma mãe que sepulta seu filho?

L. 1: Ventre que gerou! Seios que amamentaram! Braços que embalaram! Ternura que afagou! Amor de Mãe, Amor doação, que, sem desespero, deposita inerte na sepultura o corpo de seu Filho.

L. 2: Ela sabe que tudo o que seu Filho ensinou, Ele recebera do Pai. Ela sabe que o Pai não o abandonará.

T.: Ela sabe,/ como todas as mães de fé:/ Meu filho ressuscitará!

Cântico: *Não há maior amor que dar a vida pelo irmão. Não há maior amor que dar a vida pelo irmão!*

D.: Mais forte que a fé de Abraão é a fé de Maria. Mais forte que a certeza de Moisés é a certeza de Maria: "O Pai ressuscitará meu Filho"! Toma seu Filho nos braços, como tantas outras vezes. Agora o corpo está inerte: ela coloca-o na sepultura. As mãos que acariciaram o recém-nascido agora acariciam o corpo adulto do Salvador do mundo.

L. 1: Para quem tem esperança, nenhum manto de dor lhe cobrirá a face.

L. 2: Para quem tem esperança, a certeza de que a morte não é o fim.

T.: Para quem sabe amar,/ sempre é tempo de esperar!/ Amor de Mãe/ é o melhor amor que existe!

Cântico: *"Não há maior amor que dar a vida pelo irmão. Não há maior amor que dar a vida pelo irmão!".*

D.: Na história de nosso Brasil, milhares e milhares de irmãos foram vítimas dos cruéis e sanguinários dominadores. São vítimas hoje do sarcasmo e intolerância dos que querem ter sempre e cada vez mais, custe o que custar.

L. 1: "Viemos de longe, de muitas partes, com muito sacrifício.

L. 2: Viemos para retomar tudo aquilo que tiraram de nós: nossa dignidade, nossa terra, nossa liberdade".

T.: Que nossa fé,/ fé na ressurreição,/ devolva a vida/ às vítimas do egoísmo e da ganância.

D.: O Deus da Vida foi sepultado, mas não se calou a voz da solidariedade e da esperança. O sepulcro não é o fim. A morte não saiu vencedora. Maria, junto da sepultura de Jesus, ensina-nos a levantar as mãos em prece, mesmo que as lágrimas brotem no rosto dos inocentes e sofredores.

L. 1: Nossa história feita de sangue, de ouro, de terra e de todas as riquezas, empunhando numa mão a cruz e na outra a espada...

L. 2: roubaram e saquearam, conduziram para longe os filhos da terra, fizeram escravos os filhos do sol.

T.: Sepultura dos mortos!/ Sepultados vivos/ os que não puderam viver sua história!

Cântico: *Virá o dia em que todos, ao levantar a vista, veremos nesta terra, reinar a liberdade!*

D.: Estendamos nossas mãos sobre todos os que estão caídos à beira do caminho! Para eles, sejamos como o Bom Samaritano! Curemos suas feridas! Aliviemos suas dores! Cuidemos de suas vidas! Sejamos para eles ressurreição!

L. 1: Maria estende a mão sobre o túmulo e aguarda a ressurreição.

L. 2: Estendamos nossas mãos sobre os pobres e sofredores,

T.: apressemos sua ressurreição!

L. 1: Estendamos as mãos sobre os famintos,

T.: apressemos sua ressurreição!

L. 2: Estendamos as mãos sobre os marginalizados,

T.: apressemos sua ressurreição!

L. 1: Estendamos as mãos sobre os povos indígenas,

T.: apressemos sua ressurreição!

L. 2: Estendamos as mãos sobre as mães sofredoras,

T.: apressemos sua ressurreição!

D.: Maria estende a mão sobre o túmulo e aguarda a ressurreição. Vocês que passam pelo caminho vejam se há dor igual a minha dor.

D.: Oremos: Senhora e Mãe das Dores, em vosso colo materno depositamos nossa esperança de ver um dia o idoso sorrindo nas praças, as crianças brincando nas calçadas, os jovens invadindo nosso coração com seus alaridos contagiantes. Mãe, Rainha e Senhora, o Brasil precisa mudar para que nenhuma esperança seja sepultada, para que todos possam viver a esperança da feliz ressurreição!

T.: Amém!

Cântico: Prova de amor maior não há, que doar a vida pelo irmão!

Nisto todos saberão que vós sois os meus discípulos: Amai-vos uns aos outros como eu vos tenho amado!

E chegando a minha Páscoa, vos amei até o fim: Amai-vos uns aos outros como eu vos tenho amado!

Celebração das Dores de Maria - 2

A fidelidade gera a vida!

Celebrar as Dores de Maria é reviver a Mulher que foi fiel ao plano do eterno Pai. Celebrar as Dores de Maria é mergulhar na dor do povo pobre, tão oprimido pelos desejos insaciáveis da ganância que explora sem pena nem dó. Maria é a Mulher do povo fiel da Antiga Aliança e também a Mãe do novo povo de Deus, o da Nova Aliança fundada por Cristo. Não celebramos as Dores de Maria simplesmente como uma dor, mas sim as dores desta Mulher, escolhida por Deus, que sofre por ver a rejeição do projeto do Reino do Pai. Ela, porém, abraça plenamente a vontade de Deus, sofre com seu Filho as mesmas rejeições. Mas, quem é fiel permanece em pé, e não foge da dor nem do amor. De Maria todos nós temos muito de aprender no seguimento de Cristo.

Oração inicial

Maria, vós sois a fina flor do trigal do Reino. Vós sois a ternura infinita de Deus para com o povo da nova e eterna Aliança. Vós trouxestes ao mundo o Redentor e o seguistes fielmente. Vós que partilhastes a vida de Jesus, fortalecei nossa fé e nossa esperança, e fazei-nos também andar nos caminhos da fidelidade ao Reino. É com o desejo de também cumprir em nossa vida a vontade de Deus, que nós queremos agora rezar convosco. Sim, ó Mãe, ajudai-nos a rezar e a contemplar vossa vida e a de vosso Filho, que vive eternamente com o Pai, na unidade do Espírito Santo.

— Amém! Assim seja!

1ª DOR: Profecia de Simeão: "Este menino vai causar a queda e a elevação de muitos em Israel; ele será um sinal de contradição; a ti própria, uma espada te traspassará a alma, para que se revelem os pensamentos de muitos corações" (Lc 2,34b-35).

Maria foi surpreendida pelo desejo de Deus, que a escolheu para ser a Mãe de Jesus. Novamente foi surpreendida pela profecia de Simeão. Mas, como estava plenamente disponível à vontade de Deus, mesma sabendo de sua dor futura, não se abala, não reclama nem foge de sua missão.

— Maria, humanamente não foi fácil este momento para a Senhora. Mas vosso desejo de ser a servidora do Reino a fez olhar com muita confiança para o futuro. Quem se dispõe a cumprir a vontade divina por nada se deixa abalar.

— Maria, Mãe de Jesus, ajudai-nos a acolher com confiança, em nossa vida, as surpresas amorosas de Deus! Amém!

— *Ave-Maria.*
— *Glória ao Pai.*

Oração: Virgem das Dores, por este momento em que ficastes em pé diante da profecia de Simeão, concedei-nos a virtude da humildade e da disponibilidade no serviço do Reino!

— Amém! Assim seja!

2ª DOR: Fuga para o Egito: "Um anjo do Senhor apareceu em sonho a José e lhe disse: 'Levanta-te, toma o menino e a mãe dele e foge para o Egito! Fica lá até eu te avisar, porque Herodes vai procurar o menino para matá-lo'" (Mt 2,13).

Bendita Mãe de Jesus, o desejo maldoso dos prepotentes só trilha o caminho da morte. Por isso, fostes obrigada a fugir para o Egito, para salvar a vida do Menino Deus. Vosso Filho é o novo Moisés que veio inaugurar a nova Aliança do Pai. Do Egito Ele fez o novo êxodo do povo de Deus. Maria, vosso Filho veio libertar-nos verdadeiramente.

— Mãe bendita, olhai para todos os que peregrinam neste mundo em busca de trabalho, de vida e de dignidade, e dai-lhes a esperança. Que a solidariedade humana os ajudem a superar as dificuldades e a alcançarem a paz.
— **Mãe do meu Redentor, com vossa presença assumiremos todos os desafios da vida, mas com o único desejo de fazer a vontade de Deus! Ajudai-nos, Mãe do meu Redentor!**

— *Ave-Maria.*
— *Glória ao Pai.*

Oração: Virgem bendita, que o povo cristão amparado por vós e seguindo vosso exemplo seja capaz de dizer não a tudo o que venha ferir a dignidade das pessoas, e aprenda a servir sem nada esperar em troca.

— **Amém! Assim seja!**

3ª DOR: Maria procura Jesus em Jerusalém: Maria e José, "pensando que ele estivesse na comitiva, fizeram o percurso de um dia inteiro. Depois o procuraram entre os parentes e conhecidos, e, não o encontrando, voltaram a Jerusalém a sua procura" (Lc 2,44-45).

Maria e José procuram Jesus e o encontram em Jerusalém. Foi um momento difícil, como são difíceis tantos momentos da vida dos pais. Muitos procuram a vida de modo errado e não a encontram. Perambulam pelo mundo. O sentido pleno da vida está em Cristo, que entre os doutores da Lei anunciava a verdade, o Evangelho do Reino. Somente nele cada pessoa se realiza e a vida se plenifica.

— Maria, fortalecei nossa esperança de ver um dia a Palavra de vosso Filho crescer viçosa em cada coração humano. Só assim o mundo conseguirá a paz de que tanto necessita e as pessoas buscam sem cessar.

— **Mãe bendita do meu Redentor, fazei com que meu coração não se feche à verdade de vosso Filho. Antes procuráveis vosso Filho, e hoje nos procurais e nos apontais o caminho da vida: Jesus Cristo Redentor.**

— *Ave-Maria.*
— *Glória ao Pai.*

Oração: Virgem Santa, Virgem Bela, mimosa flor do trigal do Reino, conservai-nos na esperança e no amor a vosso Filho Jesus, para que jamais nos afastemos da salvação que Ele nos deu com sua Palavra e com sua vida.
— **Amém! Assim seja!**

4ª DOR: Jesus encontra sua mãe no caminho do calvário: "Seguia-o grande multidão de povo e de mulheres, as quais batiam no peito e o lamentavam" (Lc 23,27).

Maria acompanhava Jesus, confiante, pois sabia que mesmo com todo aquele sofrimento iria chegar sua vitória. Por isso Jesus diz àquelas mulheres de Jerusalém que deveriam chorar por causa da rejeição de seu projeto de amor e das consequências do desamor nesta vida. Antes de chorar pela morte de Jesus, devemos chorar pela rejeição do projeto de Deus para nossa humanidade.

— Maria, vós que vos encontrastes com vosso Filho no caminho do calvário, despertai nosso coração para acolher e viver o Reino do Pai, que vosso Filho inaugurou entre nós. Conduzi, Maria, o povo cristão nos caminhos de vosso Filho Jesus.

— **Maria, que a autossuficiência que muitas vezes invade nossa existência seja tirada de dentro de nós, para acolhermos com dignidade a verdade de Cristo.**

— *Ave-Maria.*
— *Glória ao Pai.*

Oração: Virgem bendita do Redentor, queremos contar sempre com a graça do Pai, para que jamais nos afastemos de seu Reino, e tornemos presente aqui na terra o céu que um dia esperamos vivê-lo em plenitude.

— **Amém! Assim seja!**

5ª DOR: Maria ao pé da cruz de Jesus: "Junto à cruz de Jesus estavam de pé sua mãe, Maria, mulher de Cléofas, e Maria Madalena" (Jo 19,25).

Maria é a imagem viva do povo da antiga Aliança que permaneceu fiel às promessas do Pai, e aguardava na esperança a vinda do Salvador. Maria e o apóstolo que estava junto a cruz são a imagem do novo povo de Deus, povo da nova Aliança inaugurado por Jesus. No alto da cruz se realiza a unidade entre o Antigo e o Novo Testamento, e realizam-se todas as promessas de outrora.

— Maria, vós sois a imagem do povo fiel de ontem e de hoje, sois a Mãe do novo povo de Deus. Vós que estivestes em pé aos pés da cruz, e fostes fiel até o fim, junto de vosso Filho, animai este povo que vos ama a ser fiel como vós o fostes.

— **Maria, que jamais rejeitemos a fidelidade a Cristo, traindo seu amor. De vós aprendemos que toda a realização humana está no seguimento fiel de Jesus, vosso Filho e nosso Deus Salvador.**

— *Ave-Maria.*
— *Glória ao Pai.*

Oração: Santa Maria, Mãe do Redentor, fazei-nos fortes na esperança e robustos na fé, para que sejamos verdadeiramente o novo povo de Deus inaugurado e desejado por vosso Filho, que foi fiel ao Pai até o fim.

— Amém! Assim seja!

6ª DOR: Maria recebe Jesus descido da cruz: José de Arimatéia "foi ter com Pilatos e pediu o corpo de Jesus. Descendo-o da cruz, envolveu-o num lençol e o depositou num sepulcro cavado na rocha, onde ninguém havia sido ainda colocado" (Lc 23,52-53).

Maria fez a experiência da vida. A morte não é o fim. Ela é o sinal de esperança para cada pessoa que crê. A morte faz parte da vida e não é o fim de tudo. Para quem crê, ela é caminho de ressurreição. A história de Cristo na terra não acabou. Acreditavam que tinha chegado ao fim somente os poderosos do sistema que o condenaram. Mas Deus sempre tem surpresas de amor, como foi a ressurreição de Jesus.

— Maria, vós confiastes do começo ao fim em vosso Filho. Por isso mesmo vendo-o morto não perdestes a esperança. Fazei-nos também pessoas carregadas de esperança, de confiança para que nada venha sufocar nossa vida nesta terra.

— Maria, doce Mãe querida, na vida ou na morte, na angústia ou na esperança, sois nossa protetora, pois continuais a nos acolher em vosso coração materno, como acolhestes vosso Filho em vossos braços.

— *Ave-Maria.*
— *Glória ao Pai.*

Oração: Senhora Mãe das Dores, pela dor que sofrestes ao acolher em vossos braços vosso Filho morto, fortalecei-nos na esperança de ver a fé na ressurreição de vosso Filho, penetrando nossa existência humana, e nos transformando inteiramente.

— Amém! Assim seja!

7ª DOR: Maria deposita Jesus no sepulcro: "No lugar em que ele foi crucificado havia um jardim e, no jardim, um sepulcro novo, no qual ninguém ainda tinha sido depositado. Foi ali que colocaram Jesus..." (Jo 19,41-42).

Maria, a paixão de vosso Filho iniciou-se no Jardim de Getsêmani, e termina num outro jardim: o Jardim do Paraíso. Ele abriu-nos assim toda a possibilidade de viver na comunhão com o Pai. Ele não é uma vítima derrotada, mas força invencível para os que crêem. Sua morte não nos faz paralisados, mas confiantes na força do testemunho.

— Maria, vosso Filho não morreu para sempre. Seu testemunho de amor, também na morte, fortalece-nos na coragem de testemunhar vosso Filho ao mundo. E ainda mais: A certeza de que Ele está vivo nos faz viver e crer nele sem cessar.

— Maria, obrigado porque vós nos destes Jesus. Queremos que a certeza que vós tivestes, nós também a tenhamos, para que nada neste mundo venha tirar a vida que nasce, cresce e frutifica em todos os que nele creem sem reservas.

— *Ave-Maria.*
— *Glória ao Pai.*

Oração: Mãe de Cristo e da Igreja, nós vos acompanhamos em vossas dores. Continuai, ó Mãe, a ser nossa companheira inseparável enquanto vivemos nesta terra, até chegar o belo dia de estar convosco e com Jesus para sempre, e vivendo a vida em plenitude, sem dor e sem pranto, só na paz e na felicidade eterna.

— **Amém! Assim seja!**

Oração final

Maria, vossa paz nas horas de dor nos impressiona e nos interroga. Como podeis estar cheia de luz no meio dos sofrimentos? Só o amor maior e a plena confiança no Pai, que não abandonou vosso Filho, podem nos explicar. Contemplamos vosso rosto sereno porque vossa vida está plena de Deus, e por isso vós emanais toda a força e ternura celestiais. Ajudai-nos, ó Mãe, a superar nossas fraquezas e nos assemelharmos a vosso modo de viver, confiar e crer. Conservai-nos no amor e no Evangelho de vosso Filho.

— **Amém! Assim seja!**

Ladainha a Nossa Senhora das Dores

Senhor, tende piedade de nós.
Cristo, tende piedade de nós.
Senhor, tende piedade de nós.

Cristo, ouvi-nos,

Cristo, atendei-nos

Deus Pai, que estais nos céus,

tende piedade de nós.

Deus Filho, Redentor do mundo,

tende piedade de nós.

Espírito Paráclito,

tende piedade de nós.

Trindade Santa, Deus Uno e Trino,

tende piedade de nós.

Mãe de Jesus Crucificado,

rogai por nós

Mãe do Coração transpassado,

Mãe do Cristo Redentor,

Mãe dos discípulos de Jesus,

Mãe dos redimidos,

Mãe dos viventes,

Virgem obediente,

Virgem oferente,

Virgem fiel,

Virgem do silêncio,

Virgem da espera,

Virgem da Páscoa

Virgem da Ressurreição

Mulher que sofreu o exílio,

Mulher forte,
Mulher corajosa,
Mulher do sofrimento,
Mulher da nova aliança,
Mulher da esperança,
Nova Eva,
Colaboradora na salvação,
Serva da reconciliação,
Defesa dos inocentes,
Coragem dos perseguidos,
Fortaleza dos oprimidos,
Esperança dos pecadores,
Consolação dos aflitos,
Refúgio dos marginalizados,
Conforto dos exilados,
Sustendo dos fracos,
Alívio dos enfermos,
Cordeiro de Deus, que tirais o pecado do mundo,
perdoai-nos, Senhor.
Cordeiro de Deus, que tirais o pecado do mundo,
ouvi-nos, Senhor.
Cordeiro de Deus, que tirais o pecado do mundo,
tende piedade de nós.
— Rogai por nós Santa Mãe de Deus.
— **Para que sejamos dignos das promessas de Cristo.**

Oremos: Ó Deus, que por vossa misteriosa vontade quisestes que a Paixão de vosso Filho se manifestasse nas dores, sofrimentos e angústias da humanidade, olhai para vosso povo, sustentai-o em vossa misericórdia e confortai-o na esperança da vida e da paz. E por Maria, a Mãe de vosso Filho e vossa filha predileta, fazei-nos solidários com a dor dos pobres e oprimidos, dos explorados e injustiçados. Vós, que viveis e reinais para sempre.

Encontro de Jesus e de Maria

(Procissão do Encontro)

Deus vem ao encontro de nossa humanidade!

Maria está sempre pronta para nos oferecer seu Filho Jesus. Por isso, ir ao encontro de Maria é ir ao encontro de Jesus. E quem se encontra com o Filho encontra-se também com a Mãe.

A história da salvação é a história do encontro de Deus com nossa frágil humanidade. Deus, em sua iniciativa de amor, tomou a decisão de vir ao encontro dos homens e das mulheres. Ele fez alianças de amor com seu povo, até culminar na Aliança eterna que é seu Filho Jesus Cristo. Abraão assumiu a Aliança de Deus que o quis pai de todo o seu povo. Moisés aceitou ser o libertador do povo oprimido. E os profetas anunciaram a Palavra que nos faz voltar à fidelidade para com Deus. Mas Jesus é o ápice dessa manifestação amorosa do Senhor para conosco.

Por isso, celebrar com piedade esse encontro de Jesus e de Maria, neste momento da Semana Santa, é recordar os grandes feitos do Senhor a nosso favor. É recomeçar a vida em sua Aliança. O encontro de Jesus e de Maria é outra vez a manifestação da Aliança de Deus: Emanuel, o Deus conosco. E Maria só deseja nos oferecer seu Filho, que por nós abraçou o sofrimento, a dor e a morte.

Cântico *(à escolha)*

Em Maria, Deus encontra-se com a humanidade!

Assim nos diz o Evangelho: "O anjo Gabriel foi enviado por Deus a uma cidade da Galiléia, chamada Nazaré, a uma virgem, noiva de um homem, de nome José, da casa de Davi; a virgem chamava-se Maria" (Lc 1,26-27).

Belo é esse momento da anunciação. Deus quis aproximar-se plenamente de nossa humanidade. Escolheu Maria, santuário da eternidade, obra-prima da missão do Filho e do Espírito Santo na plenitude dos tempos. O Pai encontra, pela primeira vez, a Morada onde seu Filho e o Espírito Santo podem habitar no meio de nossa humanidade. Há realidade mais bela do que essa?

— Só os autossuficientes não percebem nada disso, pois estão voltados unicamente para si mesmos!

Maria é o "trono" da Sabedoria divina. Em Maria está presente o povo escolhido e amado por Deus e que acolhe a salvação que Ele nos ofereceu. Na humildade, Maria acolheu a vontade de Deus e fez-se sua serva, sua escrava, sua servidora. E assim pode e deve ser o povo fiel do Senhor.

— Com Maria, acolhemos também a salvação que Deus nos ofereceu em seu Filho Jesus!

Esse momento da anunciação é sublime porque o encontro da paz, da vida, da felicidade, rejeitado por Adão e Eva no paraíso é agora realizado por Maria. O nó que Eva atou por sua incredulidade, Maria o desatou por sua fé, por sua disponibilidade, dizem-nos os Santos Padres. No Sim de Maria está a certeza de nossa salvação, pois, acolhendo Jesus, Ela acolheu a vontade salvífica do Pai, em seu Filho Jesus Cristo.

— É na mesma fé e no mesmo jeito de Maria que queremos viver!

Cântico *(à escolha)*

Maria encontra-se com o Cristo na alegria e na dor!

Quando houve a festa de casamento em Caná da Galiléia, Maria foi quem salvou os noivos daquela situação desagradável, como a falta de vinho. E suas palavras aos ajudantes da festa são para nós também: "Fazei tudo o que Ele vos disser!" (Jo 2,5). Ela começa ali a ser a Mãe da humanidade, pois convida-nos a acolher a Palavra de Jesus, Palavra de redenção. Essa festa é a festa do Reino, e são felizes e vivem na alegria os que acolhem o Senhor e sua Palavra.

— Ajudai-nos, Senhor, a fazer tudo o que vosso Filho nos disser!

Maria encontra-se com Jesus num momento de dor: o do calvário! Não temos desse momento nenhum relato das palavras de Maria e de Cristo. Tudo se realizou no silêncio. Porém, é um silêncio que fala alto, que grita forte. Enquanto, muitas vezes, na história da salvação, a humanidade rejeitou seu Senhor, como agora no caminho do calvário, Maria é a Mãe que consola, que acredita, que aceita tudo o que vem de Deus. É presença de amor.

— Ajudai-nos, Senhor, a vos encontrar nos irmãos e irmãs!

Uma verdade que nenhum cristão pode esquecer é a iniciativa que Deus sempre toma em seu amor para vir ao encontro de nossa humanidade. Lá na anunciação há um encontro solitário: o de Deus com Maria, por meio do Anjo Gabriel. Lá na anunciação uma só criatura se põe a serviço de Deus, para que o Espírito Santo nela gerasse o Filho de Deus. Mas no cenáculo, naquele dia de Pentecostes, com ela estavam os apóstolos, que disponíveis à vontade de Deus geraram a Igreja.

— Senhor, somos vossa Igreja, iniciada naquele dia de Pentecostes!

Diante de nós encontram-se Maria e o Filho de Deus que dela nasceu, Jesus Cristo. Maria foi a primeira criatura humana a seguir o Cristo, a escutar sua Palavra redentora, e a colocar em prática o que Ele ensinava. Maria está intimamente ligada aos mistérios de Cristo. É sua primeira discípula, e como o Cristo, também foi fiel até o fim. Ela nos ensina, com sua própria vida, a sermos discípulos autênticos, fiéis e comprometidos pela causa do Reino. Com Maria todos nós temos a possibilidade de sermos fiéis colaboradores do Reino de Cristo.

— Sim, Senhor, queremos ser colaboradores de vosso Reino!

Eis, pois, o que deve ser nosso encontro com o Cristo: Beber sempre dessa fonte de inesgotável amor que é

Jesus Cristo. Ninguém pode realizar-se nesta terra que pisamos todos os dias, se deixa para trás aquele que por nós ofereceu sua vida. Maria também nos ofereceu sua vida, pois cumpriu a vontade de Deus. Por isso, ela é modelo fiel de cada cristão, é modelo de evangelização autêntica, é modelo de Evangelho. O fundamento de nossa fé é Jesus Cristo, e Maria vem dizer-nos para escutá-lo com atenção e fazer de suas palavras nosso projeto de vida. Se hoje participamos deste momento litúrgico, deve, pois, brotar bem dentro de nós a vontade sincera de fazer definitivamente de Cristo o Senhor de nossa vida.

— Ajudai-nos, Senhor, por vossa graça, a fazer de nossa vida uma doação de amor, como foi vossa vida, e a de Maria, vossa Mãe!

Cântico *(à escolha)*

Somente em Cristo encontramos sentido para a vida!

Jesus falou abertamente ao mundo sobre a verdade do Reino. Mostrou-nos que a vida está em primeiro lugar, acima de qualquer outro valor ético: "Eu vim para que todos tenham a vida e a tenham plenamente" (Jo 10,10). Nós, que agora estamos juntos rezando e meditando sobre o encontro de Maria e de Cristo, deixemo-nos tocar por essa Palavra de Cristo. Nela está o dom maior que o Pai repartiu conosco: A vida! Nela também se realiza o verdadeiro encontro da pessoa com seu Criador, da humanidade com seu Filho Redentor. A vida é o encontro de Deus conosco, e de nossa humanidade com o Cristo.

— O Cristo veio para o meio de nós, para nos dar a vida, e vida em plenitude!

O desencontro gera tristeza e sofrimento. Todos nós, certamente, já experimentamos algum desencontro, e por isso sabemos que ele não nos traz nenhuma centelha de felicidade. Quem espalha a dor por causa de suas atitudes mesquinhas não se deixa tocar nem pela vida nem pelo amor. Olhemos para as atitudes das pessoas e de nossa sociedade que desprezam a vida, e para nossas atitudes pessoais que não respeitam nem valorizam o dom divino que nos foi dado com amor.

(Convidar os presentes a pensarem nas atitudes que não favorecem, não respeitam e nem fortalecem a vida. Fazer um momento de silêncio.)

Contemplemos agora a imagem de Nossa Senhora e do Cristo sofredor. O sofrimento de Cristo e de Maria é sofrimento redentor. Neles estão as dores de muitos irmãos e irmãs, perto ou longe de nós. O gesto que agora realizamos, o encontro da imagem de Nossa Senhora e a de Cristo, significa a fé de todos os que desejam colocar em suas vidas Cristo em primeiro lugar. *(As duas imagens se aproximam, simbolicamente.)* Certamente, podemos compreender que esse gesto não é um gesto qualquer. Ele nos mostra o quanto Deus nos ama, e que por amor quis encontrar-se conosco, não de qualquer jeito, mas com a plenitude de sua Aliança de amor, que é seu Filho Jesus Cristo. E Maria participa dessa Aliança, pois acolheu prontamente o desejo de Deus sobre sua vida: Ser a Mãe do Redentor. E nós, povo peregrino, inspiramo-nos em Maria, e fundamentamos em Cristo nossa vida, para sermos, de fato, filhos e filhas de Deus.

Cântico *(à escolha)*

E agora rezamos todos juntos: *(rezar com o povo a oração que segue)*

Senhor Deus, não nos deixeis perecer por causa de nossa maldade, mas concedei-nos vossa misericórdia. Apoiados em vossa bondade seremos nobres em nossas atitudes, defendendo a vida e a dignidade humana. Teremos iniciativas que fortaleçam a união de nossa Comunidade, e jamais seremos provocadores de desunião, de discórdias ou de separação entre as pessoas. Fortalecei nossa fé e dai-nos vossa paz! Amém!

(Conforme o costume local, termina-se este momento do encontro de Cristo e de Maria.)

Descimento de Cristo da Cruz

Ele foi fiel até o fim!

Deus em seu reino de amor criou o céu e a terra, e o homem e a mulher a sua imagem e semelhança. Deus quis repartir aquilo que Ele é, amor e misericórdia, com os homens e mulheres e manifestar esse mesmo amor na criação de todo o universo.

Criou o homem e a mulher a sua imagem e semelhança, e colocou os dois sobre a face da terra, com o único desejo de que fossem felizes. É o Paraíso, o Jardim do Éden. Mas, o desejo divino foi rompido pelo mal uso da liberdade: A humanidade disse **sim** quando devia dizer **não**; disse **não** quando devia dizer **sim**.

Mas, o amor que não se cansa jamais continuou a vir ao encontro da humanidade, propondo-lhe o amor, oferecendo-lhe a misericórdia, convidando-a a retomar o caminho. Essa verdade do Pai realiza-se plenamente na pessoa de Jesus, seu Filho único e amado, que Ele nos enviou, nascido de Maria, presente no meio de nós.

Jesus é o amor vivo do Pai, é sua Palavra e Aliança eternas com cada homem e cada mulher. Ele anunciou com a palavra, com os fatos e com a própria vida, o desejo de Deus para com todos: Sua salvação.

Ao contemplarmos o Cristo na cruz, deve nascer em nós esse desejo sincero de amá-lo com toda a força de nossa alma, pois Ele é nosso Deus, nosso Redentor e nossa salvação. Sem Ele nada podemos fazer. Por isso, seja este momento, não o de uma piedade que não nos aproxima dele, mas ao contemplá-lo no alto da cruz, surja em nós o desejo sincero de seguir seus passos e plantar na vida seu evangelho, para que ela dê muitos frutos.

Cântico *(à escolha)*

A Palavra nos orienta

Assim diz o apóstolo Paulo, mostrando-nos o extremo da entrega de Cristo por amor de nós. Eis suas palavras:

— "Tende em vós os mesmos sentimentos de Cristo Jesus: apesar de sua condição divina, ele não reivindicou seu direito de ser tratado igual a Deus. Ao contrário, aniquilou-se a si mesmo e assumiu a condição de servo, tornando-se semelhante aos homens. Por seu aspecto, reconhecido como homem, humilhou-se, fazendo-se obediente até a morte, e morte de cruz. Por isso Deus o elevou acima de tudo e lhe deu o Nome que está acima de todo nome, de modo que ao nome de Jesus todo joelho se dobre nos céus, na terra e debaixo da terra, e toda língua proclame que Jesus Cristo é o Senhor, para a glória de Deus Pai" (Fl 2,5-11).

A inscrição sobre a cabeça de Cristo: INRI
(Ela quer dizer: Jesus Nazareno, Rei dos judeus)

A humilhação sofrida por Jesus é dolorosa e infame. "Os soldados teceram uma coroa de espinhos e puseram-na sobre sua cabeça e cobriram-no com um manto de púrpura. Aproximavam-se dele e diziam: Salve, rei dos judeus!" (Jo 19,2-3). Todos os que o condenaram à morte eram cegos, não foram capazes de enxergar o bem que Ele praticou: a cura dos doentes, o perdão aos pecadores, o caminho da eternidade que Ele apontou! A inscrição que colocaram acima da cabeça de Jesus era pura humilhação. Em nada o reconheciam como o Senhor do céu e da terra.

Aquele que manifestou o amor eterno do Pai a nossa humanidade foi humilhado ao extremo. Ele permanecia em silêncio, como uma ovelha conduzida ao matadouro. Aquele que ofereceu o amor e a vida foi rejeitado pela autossuficiência capaz até de desprezar o próprio Deus da vida. Lembremos as palavras do apóstolo João: "Todo aquele que confessar que Jesus Cristo é o Filho de Deus, Deus está nele e ele em Deus. E nós conhecemos, e cremos no amor que Deus nos tem. Deus é amor e quem permanece no amor permanece em Deus e Deus nele" (1Jo 4,14-16).

— Tende misericórdia, Senhor, e perdoai nossa ingratidão para convosco!

Pensemos no gesto de Cristo que doa sua vida na gratuidade do amor, e nossas ingratidões para com o Filho de Deus. Nossa autossuficiência, a ambição do lucro, a lei da vantagem, o aproveitar-se de situações privilegiadas para proveito próprio, a política mal-vivida que frustra nossas famílias e sociedade. Mudemos nosso coração muitas vezes reservado para o amor, para a gratuidade e a doação da vida. Tomemos cuidado com nosso endeusamento e com as coisas que desejamos.

— Cristo, nós vos amamos e vos reconhecemos como nosso Deus e Senhor!

Cântico (à escolha)

(Durante o cântico, retira-se a inscrição INRI, do alto da cruz.)

Coroa de Espinhos!

Jesus não temeu a ingratidão humana. Silencioso acolheu a humilhação que lhe impuseram. É muito fácil humilhar. O difícil é estender a mão, ser servidor, defender a vida, como fez o Cristo. Impuseram-lhe uma coroa de espinhos, porque Ele afirmou ser o rei do universo. Quem vê seu poder ameaçado tem medo de perder seu trono. O Cristo testemunha seu reinado no mundo, humilhando-se diante daqueles para os quais só ensinou e fez o bem. Quem busca só o poder não é capaz de entender quem se doa e faz o bem. Esses só enxergam distinções e privilégios, vantagens e "soberania".

— Cristo humilhou-se, assumindo a condição de servo! Ele é nosso Rei e Senhor!

A nós cabe escutar e acolher o Cristo como Senhor e Rei. A nós cabe contemplar sua entrega para nossa redenção. Amar o Cristo não é ter alguns sentimentos bons, mas sim acolher e fazer o esforço necessário para viver o que Ele nos ensina. Por isso, que ressoe em nós sua Palavra, que nos diz:

— Convertei-vos, pois está próximo o Reino dos céus (Mt 3,1-3).

Cântico (à escolha)

(Durante o cântico, retira-se a coroa de espinhos da imagem do Crucificado.)

Braços de Cristo pregados na cruz!

Aqueles braços divinos que acolheram, afagaram, abençoaram e apontaram a direção a seguir, agora estão inertes nos braços da cruz. Mesmo pregados na cruz continuam a apontar o céu, nosso destino final. Apontam a misericórdia infinita e sempre presente que o Pai oferece à humanidade inteira por meio de seu Filho. Cristo no alto da cruz parece suplicar-nos que sejamos humildes como Ele foi, e nos empenhemos na missão de tornar presente e visível seu Reino. Com humilde coragem, é preciso responder ao chamado do Senhor. E essa é nossa vocação e missão.

Cristo não hesita, mesmo diante das oposições, em dizer àquele paralítico: "Eu te ordeno: Levanta-te, pega teu leito e vai para casa!" (Lc 5,25), ou ainda àquele homem que tinha a mão atrofiada: "Estende a mão. Ele o fez, e sua mão voltou ao normal!" (Lc 5,10). As mãos que vemos pregadas na cruz foram mãos que trouxeram a vida e a libertação aos oprimidos.

— Senhor, convosco vamos construir a vida no mundo!

A nós, cristãos desta hora, cabe também estender a mão e ajudar o irmão e a irmã a caminharem com dignidade. Somos continuadores da mesma missão de Jesus. Todos somos chamados a colaborar, partindo da realidade em que vivemos. Ninguém pode subtrair-se ao supremo dever de amor de anunciar o Cristo Redentor, porque:

— Ninguém pode negar que o Redentor humilhou-se para nossa redenção!

Cântico (à escolha)

(Durante o cântico, retiram-se os pregos das mãos da imagem do Crucificado.)

Os pés de Cristo pregados na cruz!

"Aquele que acredita em mim fará também as obras que eu faço; e fará obras maiores do que estas, porque eu vou para o Pai" (Jo 14,12). Os pés de Cristo pisaram o chão duro e empoeirado da Palestina. O anúncio do Evangelho não ficou restrito entre quatro paredes ou num só lugar. Certa vez o Cristo disse que era preciso ir a outros lugares para ali também anunciar a boa nova do Reino. É preciso o esforço pessoal para anunciar o Evangelho de Cristo em nossos dias. É preciso também não ser profeta isolado, sozinho, mas unido com a Igreja que nos envia em missão. Ressoam em nossos ouvidos as mesmas palavras de Cristo no convite àqueles que estavam aqui e ali: "Ide vós também para a minha vinha" (Mt 20,7).

Os pés de Cristo fixados na cruz convidam-nos não para a acomodação, nem desejam que sejamos uma Igreja inerte, parada, mas dinâmica, atuante e participativa. O Reino, sua verdade e seu anúncio são de responsabilidade de todos os cristãos. São os cristãos os pés do Cristo no anúncio da mesma verdade dele hoje.

— Senhor, fazei-nos trabalhadores autênticos de vossa vinha!

A nós cabe aceitar o convite de Cristo. Recusá-lo é trair nossa própria fé, é abandonar o caminho da fidelidade. Se não pudermos ir aqui ou ali para anunciar o Cristo, sejamos seus anunciadores em nosso trabalho, em nossas casas e famílias, e para nós mesmos. Ele espera que ocupemos nosso lugar onde estivermos.

— **Senhor, dai-nos a graça de anunciar, testemunhar e de viver vosso Evangelho!**

Cântico (à escolha)

(Durante o cântico, retiram-se os pregos dos pés da imagem do Crucificado.)

Maria acolhe Jesus em seus braços!

Lembremo-nos das palavras de Cristo: "Foi-me dado todo o poder no céu e na terra. Ide, pois, ensinai todas as nações... Eu estarei sempre convosco, até ao fim do mundo" (Mt 28,18-20). Maria, a primeira discípula de Cristo, modelo de Evangelho, acolhe em seus braços o mesmo corpo que quando criança foi afagado em seus braços. De seu coração terno nasce a confiança da Mãe que sabe quem é seu Filho. Acredita em sua palavra: "Estarei sempre convosco". Ela é a imagem viva da Igreja que acolhe o Cristo, morto pela ingratidão dos homens, mas sabe que ali não é o fim: "Podeis destruir este templo, que em três dias eu o levantarei de novo" (Jo 2,19). Essa é a plena confiança de Maria ao tomar em seus braços seu Filho morto.

Em Maria aprendemos o que é colaborar com o plano de Deus. Por isso, Maria é o modelo de Igreja, a referência mais segura para viver nossa fé, nosso compromisso cristão e nossa vida de comunhão com Deus e com os irmãos e irmãs. Cristo que ressuscita dos mortos nos confirma essa verdade, a verdade da Igreja, como Mãe e Mestra dos povos e nações. Como o Cristo a Igreja é chamada a ressuscitar para nada deixar em poder da morte.

— Com Maria, seremos fiéis à verdade de Cristo, e dele queremos a vida!

Cabe a nós ser um povo fiel até o fim como Maria e como o Cristo. Maria fez o templo de Deus habitar entre nós. Mas o verdadeiro templo, morto pelos homens e ressuscitado pelo Pai, haverá de ser o centro de nossas vidas e da Igreja inteira, dos povos e das nações. É na luz da ressurreição que devemos viver e ela deve habitar nosso coração humano.

— Na luz da ressurreição de Cristo é que esperamos e desejamos viver!

Cântico (à escolha)

(Durante o cântico, a imagem do Crucificado é colocada nos braços de Maria.)

Jesus é sepultado!

Deus criou o Jardim do Éden e nele colocou Adão e Eva, figuras de toda a humanidade. E Jesus, traído por Judas, estava também num jardim: "Jesus foi com seus discípulos para o outro lado da torrente do Cedron, onde havia um jardim, no qual entrou com seus discípulos. Judas, o traidor, conhecia também aquele lugar..." (Jo 18,1-2). Ainda, o Corpo de Jesus foi sepultado num jardim: "No lugar em que ele foi crucificado havia um jardim e, no jardim, um sepulcro novo, no qual ninguém ainda tinha sido depositado" (Jo 19,41).

O jardim torna-se de um lado o lugar da negação do homem e da mulher a Deus, como foram as atitudes de Adão e Eva e de Judas, o traidor. Preferem viver em seus próprios intentos em vez de "dar ouvidos" à vontade de Deus. De outra parte, o jardim é o lugar da manifestação de Deus que procura nossa humanidade para oferecer-lhe a salvação, pois o Cristo coroará com a vitória de sua ressurreição a vida que Deus oferece para todos nós. Deus é "teimoso" em seu amor e em sua misericórdia para conosco.

— Senhor, só em vós temos a vida! Somente em vós temos a paz!

A nós cabe contemplar a morte de Cristo e seu sepultamento não como o fim de tudo, mas como a recriação de tudo no amor, porque em sua ressurreição Ele fez novas todas as coisas. Nossa certeza é a de que na ressurreição de Jesus está também nossa ressurreição. Esse gesto de piedade do povo de acompanhar o Cristo em seu sepultamento, é um dizer não a todas as formas de morte, à cultura da morte, do desprezo, do abandono presentes no mundo. É também a certeza de que nele, somente nele, temos a vida e alcançamos a ressurreição que Ele prometeu a todos os que nele crerem. Amém!

— A Virgem Maria, modelo de Evangelho, Mãe da humanidade, Mulher dócil ao Espírito Santo, ajude-nos a viver e a repetir seu *fiat* ao desígnio de salvação de Deus, ao serviço da evangelização! Assim seja!

Cântico (à escolha)

(Neste momento, conforme o costume, poderá iniciar-se a procissão do Sepultamento!)

Celebração Comunitária da Penitência

O pecado nos faz escravos dele!

Em nossos dias ainda há escravos, gente dominada para favorecer interesses alheios. Mas, o projeto de Deus é outro, bem outro. É o da liberdade e da dignidade. Ninguém tem o direito de oprimir seu irmão e fazer dele um objeto. Algo tão caro para o Pai é a liberdade. Deus preferiu correr o risco da liberdade só para não nos fazer escravos. Quem aceita o pecado, aceita a escravidão; nega o que é muito caro para Deus, a liberdade, e rejeita a dignidade humana e divina na qual fomos criados. Se são muitas as escravidões de nosso mundo, o cristão tem a grande chance de ser um sinal profético, mostrando com seus atos e suas atitudes o que Deus realmente espera e deseja de cada um de nós.

Cântico *(à escolha)*

Iniciando a Celebração

— Em nome do Pai † e do Filho e do Espírito Santo.

— **Amém!**

— Senhor, que vosso Espírito Santo venha sobre nós com vosso amor e vossa misericórdia e nos faça nascer de novo.

— **Inundai-nos, Senhor, com a luz de vosso amor!**

— Que vossa luz ilumine nossos olhos para que eles nos façam enxergar a vida que vivemos, e recomeçá-la na fonte eterna de vossa misericórdia.

— **Senhor, dai-nos olhos para ver nossas fraquezas!**

— Vinde Espírito Santo, e fazei-nos reconhecer sinceramente nossas faltas contra nossos irmãos e irmãs.

— **Vinde, Senhor, libertai-nos!**

— Vinde Espírito Santo, para que em vossa luz possamos contemplar a bondade, o amor, a presença e a misericórdia de Deus.

— **Acendei, Senhor, em nossos corações o fogo de vosso amor!**

Cântico – Aclamação à Palavra de Deus *(à escolha)*

Anúncio da Palavra de Deus

Efésios 4,17-24: "Eis o que digo e conjuro no Senhor: não persistais em viver como os pagãos, que andam a mercê de suas idéias frívolas. Têm o entendimento obscurecido. Sua ignorância e o endurecimento de seu coração mantêm-nos afastados da vida de Deus. Indolentes, entregaram-se à dissolução, à prática apaixonada de toda espécie de impureza. Vós, porém, não foi para isto que vos tornastes discípulos de Cristo, se é que o ouvistes e dele aprendestes, como convém à verdade em Jesus. Renunciai à vida passada, despojai-vos do homem velho, corrompido pelas concupiscências enganadoras. Renovai sem cessar o sentimento da vossa alma, e revesti-vos do homem novo, criado à imagem de Deus, em verdadeira justiça e santidade".

Meditando a Palavra de Deus

"Solicito a todos que peçam sempre a Jesus Cristo seu santo amor... E, para conseguirmos seu santo amor, cuidemos de adquirir um grande amor pela paixão de Jesus Cristo meditando um pouco sobre isso durante o dia e fazendo a via-sacra, se possível. Com certeza agradamos muito a Jesus Cristo pensando no sofrimento e no desprezo pelos quais passou por nós. Parece-me ser impossível que alguém, pensando sempre em suas dores e em sua Paixão, não comece a amar Jesus Cristo..." (*Santo Afonso de Ligório*). Eis o desafio para se tornar uma criatura nova, um homem ou mulher novos: amar intensamente a Jesus Cristo. E nele nos tornamos inteiramente livres.

(Quem dirige a celebração poderá fazer uma pequena meditação para todos, a partir do texto bíblico ao lado).

Símbolo

"É para que sejamos homens livres que Cristo nos libertou. Ficai, portanto, firmes e não vos submetais outra vez ao jugo da escravidão" (Gl 5,1).

Preparar os seguintes símbolos:

— Galho seco.
— Corrente.
— Pessoa com olhos vendados, mãos e pés amarrados.

Entram do fundo da igreja (ou do local da celebração): Uma pessoa trazendo o galho seco, outra a corrente, e por fim a pessoa com olhos vendados, mãos e pés amarrados.

Quem estiver orientando essa celebração, faz uma rápida chamada de atenção para o sentido de cada símbolo, meditando sobre as consequências do pecado. Também exaltar a misericórdia de Deus que nos resgata e nos faz viver de novo. A pessoa que está com olhos vendados, mãos e pés amarrados deve ser "libertada" de suas "amarras..."

Salmo de Meditação

— Senhor, vosso povo parece cansado de tanta luta. Vossos filhos estão semelhantes ao galho seco desligado da árvore: sem vida e sem esperança. Mas vós não nos abandonais e junto de vós tudo ganha vida de novo.

— É o Senhor nosso alento!

— Sabemos, Senhor, por experiência que vós não nos abandonais. Mas, no entanto, as atitudes dos homens nos espantam: são violências, decisões dos governantes que oprimem vosso povo, agressividade dentro e fora de casa. Estamos acorrentados, Senhor, e somente vossa graça pode libertar-nos.

— **É o Senhor quem nos conduz por estradas bem planas!**

— Senhor, sabemos que o pecado nos anula nesta vida e nos tira o gosto maior de viver. Caminhamos de mãos vazias como pedintes à beira da estrada, ou amarrados em nossas ilusões e opressões. Vinde, Senhor, vinde logo nos salvar e nos tirar das amarras da opressão.

— **O Senhor nos faz viver de novo!**

— Senhor, queremos viver o advento da esperança e ver brilhar o sol da manhã que volta a brilhar em nossas vidas por causa de vosso amor. Se nós custamos a crer em vosso amor, vós correis a nosso encontro com vossa misericórdia.

— **O Senhor nos ama e nos liberta!**

Exame de consciência

(É oportuno que se faça um pequeno momento de exame de consciência, enfocando as situações de morte que estão presentes entre nós, em nossa sociedade

ou em nossa Comunidade... Olhar para dentro da realidade do povo.)

Absolvição Geral

Sacerdote: Deus Pai, que não quer a morte do pecador mas que se converta e viva, que nos amou primeiro e enviou seu Filho ao mundo, para que o mundo seja salvo por Ele, vos manifeste sua misericórdia e vos dê a paz.
— Amém!
Sacerdote: O Senhor Jesus Cristo, que foi entregue à morte por causa de nossas faltas e ressuscitou para nossa justificação, e que enviou o Espírito Santo sobre seus Apóstolos para receberem o poder de perdoar os pecados, Ele, por nosso ministério, vos livre do mal e vos encha do mesmo Espírito Santo.
— Amém!
Sacerdote: O Espírito Consolador que nos foi dado para remissão dos pecados, e no qual temos o poder de chegar ao Pai, purifique vossos corações e os ilumine para que anuncieis o poder do Senhor que vos chamou das trevas à sua luz admirável.
— Amém!
Sacerdote: Eu vos absolvo de vossos pecados, em nome do Pai † e do Filho e do Espírito Santo.

Aplicação Penitencial

(A melhor penitência é a caridade. Por isso, o dirigente da celebração poderá sugerir – não impor – alguma penitência que vá ao encontro da caridade para com os irmãos. Por exemplo: visitar um doente, ajudar em algum serviço àquela pessoa que esteja limitada, visitar um asilo. Além do que for sugerido também poderá deixar à liberdade da pessoa para que ela escolha o que deseja fazer, com caridade e sinceridade.)

Bênção final

Sacerdote: Deus Pai vos abençoe e vos dê a paz!

— Amém!

Sacerdote: Deus Filho vos conceda a alegria da salvação!

— Amém!

Sacerdote: Deus Espírito Santo vos santifique e vos inspire!

— Amém!

Sacerdote: E a bênção de Deus todo-poderoso: Pai † e Filho e Espírito Santo, desça sobre todos e com todos permaneça para sempre!

Abraço da Paz

(O Presidente poderá convocar todos para a manifestação da alegria da fé que veio com o perdão dos pecados.)

Missa com os Doentes e Idosos

(Se não há na Comunidade a Pastoral da Saúde, formar uma equipe para acolher os doentes e idosos, socorrê-los em suas necessidades, providenciar os lugares onde ficarão, como também água e até algum remédio. Tudo seja feito pela caridade e para que se sintam acolhidos. Esta missa deve ter o tempo necessário para se celebrar bem, mas sem delongas.)

O Senhor é nossa Páscoa!

A Comunidade está reunida para celebrar a memória pascal do Senhor, Jesus Cristo, nosso Redentor. Junto dele é abundante nossa redenção. Em cada Eucaristia nos encontramos com aquele que vem para nos redimir, pois assim Ele fez quando andou por toda a Palestina, anunciando a Palavra do Reino, perdoando os pecadores, animando os apóstolos e curando todos os doentes que dele se aproximavam com fé. A nós cabe acolher o dom da salvação, e assim seremos salvos. Ele é nossa Páscoa, pois de sua vida e de seu sacrifício nos veio a redenção. É nesse desejo da fé que celebramos esta Eucaristia.

Canto de entrada *(à escolha)*

1. Saudação inicial

— Em nome do Pai † e do Filho e do Espírito Santo.
— **Amém.**
— Irmãos e Irmãs, o Senhor é nossa Páscoa e nossa redenção! Que a graça de Cristo, o amor do Pai, e a comunhão do Espírito Santo estejam convosco.
— **Bendito seja Deus, que nos reuniu no amor de Cristo!**

2. Ato Penitencial

— No início desta celebração eucarística, peçamos a conversão do coração, fonte de reconciliação e comunhão com Deus e com os irmãos e irmãs.
— Senhor, que sois o eterno sacerdote da nova Aliança, tende piedade de nós.
— **Senhor, tende piedade de nós.**
— Cristo, que nos edificais como pedras vivas no templo santo de Deus, tende piedade de nós.

— Cristo, tende piedade de nós.

— Senhor, que nos tornais concidadãos dos santos no reino dos céus, tende piedade de nós.

— Senhor, tende piedade de nós.

— Deus todo-poderoso tenha compaixão de nós, perdoe os nossos pecados e nos conduza à vida eterna.

— Amém.

3. Oração

Oremos: Ó Deus, quisestes que vosso Filho único suportasse nossas dores para mostrar o valor da fraqueza e do sofrimento humano. Escutai benigno nossas preces por nossos irmãos e irmãs doentes, e dai aos oprimidos pelas dores, enfermidades e outros males, sentirem-se bem-aventurados segundo o Evangelho e unidos ao Cristo que sofreu pela salvação do mundo. Por nosso Senhor Jesus Cristo, vosso Filho, na unidade do Espírito Santo.

Liturgia da Palavra — Deus nos fala

O Senhor está sempre presente no meio de seu povo, por seu dom inefável: Jesus Cristo que nos chama à comunhão e à santidade nele. A Palavra do Senhor nos orienta,

nos conforta e nos dá vida nova; quem crê nele tem a vida.
Escutemos o Senhor que agora nos fala com amor.

4. Primeira Leitura *(1Cor 1,3-9)*

Leitura da Primeira Carta de São Paulo aos Coríntios.

Irmãos, [3]para vós, graça e paz, da parte de Deus, nosso Pai, e do Senhor Jesus Cristo. [4]Dou graças a Deus sempre a vosso respeito, por causa da graça que Deus vos concedeu em Cristo Jesus: [5]Nele fostes enriquecidos em tudo, em toda palavra e em todo conhecimento, [6]à medida que o testemunho sobre Cristo se confirmou entre vós.

[7]Assim, não tendes falta de nenhum dom, vós que aguardais a revelação do Senhor nosso, Jesus Cristo. [8]É ele também que vos dará perseverança em vosso procedimento irrepreensível, até o fim, até o dia de nosso Senhor Jesus Cristo. [9]Deus é fiel; por ele fostes chamados à comunhão com seu Filho, Jesus Cristo, Senhor nosso.

— Palavra do Senhor.
— **Graças a Deus.**

5. Responsório *(Sl 144)*

— Bendirei vosso nome, pelos séculos, Senhor!
— **Bendirei vosso nome, pelos séculos, Senhor!**

— Todos os dias haverei de bendizer-vos, hei de louvar vosso nome para sempre. Grande é o Senhor e muito digno de louvores, e ninguém pode medir sua grandeza.

— Uma idade conta à outra vossas obras e publica vossos feitos poderosos; proclamam todos o esplendor de vossa glória e divulgam vossas obras portentosas!

— Narram todos vossas obras poderosas, e de vossa imensidade todos falam. Eles recordam vosso amor tão grandioso e exaltam, ó Senhor, vossa justiça.

6. Aclamação

— Aleluia, aleluia, aleluia!
— Aleluia, aleluia, aleluia!
— Eu sou a luz do mundo; aquele que me segue, não caminha entre as trevas, mas terá a luz da vida.

7. Evangelho *(Jo 12,44-50)*

— O Senhor esteja convosco.
— Ele está no meio de nós.
— Proclamação do Evangelho de Jesus Cristo † segundo João.
— Glória a vós, Senhor.

Naquele tempo,

[44]Jesus exclamou em alta voz: "Quem crê em mim não é em mim que crê, mas naquele que me enviou. [45]Quem me vê, vê aquele que me enviou. [46]Eu vim ao mundo como luz, para que todo aquele que crê em mim não permaneça nas trevas. [47]Se alguém ouvir as minhas palavras e não as observar, eu não o julgo, porque eu não vim para julgar o mundo, mas para salvá-lo. [48]Quem me rejeita e não aceita as minhas palavras já tem o seu juiz: a palavra que eu falei o julgará no último dia. [49]Porque eu não falei por mim mesmo, mas o Pai, que me enviou, ele é quem me ordenou o que eu devia dizer e falar. [50]Eu sei que o seu mandamento é vida eterna. Portanto, o que eu digo, eu o digo conforme o Pai me falou".

— Palavra da Salvação.

— **Glória a vós, Senhor!**

(Após a homilia, que deve ser breve, poderá ser feita a Unção dos Enfermos e Idosos, ou transfira-se para outro momento mais conveniente conforme a realidade. Os que não puderem locomover-se, o sacerdote aproxima-se deles e os unge sacramentalmente. O sacerdote ungirá com o sinal-da-cruz a testa e a palma das mãos daqueles que se aproximam desse sacramento. Segue a fórmula do Sacramento da Unção:)

8. Rito da Unção dos Enfermos

(Se é preciso realizar a bênção do Óleo, reza-se:)

Oremos: Ó Deus, Pai de toda a consolação, que por vosso Filho quisestes curar os males dos enfermos, atendei à oração de nossa fé: Enviai do céu vosso Espírito Santo Paráclito sobre este óleo generoso, que por vossa bondade a oliveira nos fornece para alívio do corpo, a fim de que por vossa santa † bênção seja para todos os que com ele forem ungidos proteção do corpo, da alma e do espírito, libertando-os de toda dor, toda fraqueza e enfermidade. Dignai-vos abençoar para nós, ó Pai, vosso óleo santo, em nome de nosso Senhor Jesus Cristo, que convosco vive e reina na unidade do Espírito Santo. — **Amém!**

(Se o óleo já foi abençoado, reza-se sobre o mesmo a oração de ação de graças.)

— Bendito sejais, ó Deus, Pai todo-poderoso, que, por nós e para nossa salvação, enviastes vosso Filho ao mundo.

— **Bendito seja Deus para sempre!**

— Bendito sejais, ó Deus, Filho Unigênito, que, assumindo nossa condição humana, quisestes curar nossas fraquezas.

— **Bendito seja Deus para sempre!**

— Bendito sejais, ó Deus, Espírito Santo Paráclito, que socorreis a fraqueza de nosso corpo com vossa força eterna.

— **Bendito seja Deus para sempre!**

— Senhor, que vossos servos, ungidos na fé por este santo óleo, possam sentir alívio em suas dores e conforto em suas fraquezas. Por Cristo, nosso Senhor.

— **Amém!**

A Sagrada Unção

(O sacerdote unge o enfermo ou o idoso com o Óleo dos Enfermos, fazendo o sinal-da-cruz, na fronte e nas mãos, dizendo uma só vez:)

Por esta santa unção, e por sua infinita misericórdia, o Senhor venha em teu auxílio com a graça do Espírito Santo. — Amém!

Para que, liberto de teus pecados, Ele te salve e, em sua bondade, alivie teus sofrimentos. — Amém!

Oremos: Curai, Redentor nosso, pela graça do Espírito Santo, os sofrimentos destes vossos filhos e filhas. Sarai suas feridas, perdoai seus pecados, e expulsai para longe deles todos os sofrimentos espirituais e corporais. Concedei-lhes plena saúde de alma e de corpo, a fim de que, restabelecidos por vossa misericórdia, possam retomar suas atividades. Vós que sois Deus, com o Pai, na unidade do Espírito Santo.

— Amém!

(Neste momento, faz-se a Unção dos Doentes e Idosos presentes. Se for conveniente, poderá ser feita no final da Eucaristia, antes da bênção final.)

9. Preces dos Fiéis

— Elevemos ao Senhor nossas preces, por meio de seu Filho, nossa vida e nossa Páscoa, apresentando-lhe com muita confiança nossas preces.

1. PARA que os cristãos anunciem com palavras e com exemplos, com o diálogo e o testemunho a Palavra do evangelho que liberta, cura, salva e dá vida nova, rezemos ao Deus da vida.

— Cristo, nossa Páscoa, socorrei-nos!

2. PARA que a Palavra de Deus encontre ressonância em nossa vida e na vida de nossas Comunidades, rezemos ao Deus da vida.

3. PARA que a misericórdia ampare e fortaleça a vida de nossos enfermos e a daqueles que cuidam deles, rezemos ao Deus da vida.

125

4. PARA que aprendamos a cuidar da saúde, e assim conservar a vida que é dom divino, rezemos ao Deus da vida.

(Outras intenções...)

— Concedei-nos, ó Deus, em vossa bondade, a força de vossa graça e na alegria vos sirvamos em nossos irmãos e irmãs. Por Cristo, nosso Senhor.

Liturgia Eucarística — Memorial do Senhor

Canto das Oferendas *(à escolha)*

9. Oração sobre as Oferendas

— Orai, irmãos e irmãs, para que o nosso sacrifício seja aceito por Deus Pai todo-poderoso.

— **Receba o Senhor por tuas mãos este sacrifício,/ para glória do seu nome,/ para nosso bem/ e de toda a santa Igreja.**

— Ó Deus, de quem depende a nossa vida, acolhei estas preces e oferendas por nossos irmãos e irmãs enfermos para que nos possamos alegrar com a cura daqueles que nos inspiram tantos cuidados. Por Cristo, nosso Senhor.

— **Amém.**

10. Prefácio *(à escolha)*

11. Oração Eucarística *(à escolha)*

Rito da Comunhão — União e Partilha

12. Oração do Pai-nosso

— Aquele que foi exaltado sobre a terra nos ensinou a chamar a Deus de Pai. Rezemos, pois, com toda a fé, a oração que Ele mesmo nos ensinou:

— **PAI NOSSO...**

— Livrai-nos de todos os males, ó Pai, e dai-nos hoje a vossa paz. Ajudados pela vossa misericórdia, sejamos sempre livres do pecado e protegidos de todos os perigos, enquanto, vivendo a esperança, aguardamos a vinda do Cristo Salvador.

— **Vosso é o reino, o poder e a glória para sempre!**

13. Oração pela Paz

— Senhor Jesus Cristo, dissestes aos vossos Apóstolos: eu vos deixo a paz, eu vos dou a minha paz. Não olheis os nossos pecados, mas a fé que anima vossa Igreja; dai-lhe, segundo o vosso desejo, a paz e a unidade. Vós, que sois Deus com o Pai e o Espírito Santo.

— **Amém.**

— A paz do Senhor esteja sempre convosco!

— **O amor de Cristo nos uniu.**

— No Senhor que nos une em seu amor, saudemo-nos uns aos outros no Cristo Senhor.

14. Fração do Pão

Esta união do Corpo e do Sangue de Jesus, o Cristo e Senhor nosso, que vamos receber, nos sirva para a vida eterna.

— **Cordeiro de Deus, que tirais o pecado do mundo,/ tende piedade de nós./ Cordeiro de Deus, que tirais o pecado do mundo,/ tende piedade de nós./ Cordeiro de Deus, que tirais o pecado do mundo,/ dai-nos a paz.**

Senhor Jesus Cristo, o vosso Corpo e o vosso Sangue, que vou receber, não se tornem causa de juízo e condenação; mas, por vossa bondade, sejam sustento e remédio para minha vida.

— Felizes os convidados para a ceia do Senhor. Eis o Cordeiro de Deus, que tira o pecado do mundo.

— **Senhor, eu não sou digno(a) de que entreis em minha morada,/ mas dizei uma palavra e serei salvo(a).**

Cântico da Comunhão *(à escolha)*

15. Oração depois da Comunhão

Oremos: Ó Deus, único apoio da fraqueza humana, mostrai vosso poder em nossos doentes, a fim de que, restabelecidos por vossa misericórdia, possam frequentar de novo a vossa Igreja. Por Cristo, nosso Senhor.

16. Bênçãos

Bênção da Saúde

— O Senhor esteja convosco!
— **Ele está no meio de nós!**
— Senhor, Jesus Cristo, uni aos acontecimentos de vossa Paixão e Ressurreição os sofrimentos e as dores de todos os que padecem e estão doentes.
— **Senhor, aliviai suas dores, confortai-os com vossa presença, e socorrei-os com vossa misericórdia!**

— Senhor, que curastes tantos enfermos, se for da vontade do Pai, restituí a saúde a nossos irmãos e irmãs que padecem!

— Senhor, tende piedade de nossos doentes!

— Olhai com bondade para as pessoas idosas que sofrem na solidão ou na doença. Que sejam amparadas por nossa caridade fraterna!

— Por vossa bondade, Senhor, fazei-as assumir a vida com alegria e em paz!

— Os remédios são os meios que vossa Providência concede para a recuperação da saúde. Iluminai, pois, os médicos e todos os que se dedicam aos enfermos, para que descubram os recursos adequados a seu tratamento.

— Senhor, escutai a nossa prece!

Oremos: Ó Deus, nosso Pai, vós que nos socorreis sem cessar com vossa misericórdia, fazei descer vossa bênção salvadora sobre vossos filhos e filhas aqui reunidos, e sobre todos os doentes e os que estão sofrendo.

(Estendendo a mão sobre a Assembléia presente)

— Deus Pai vos dê sua bênção e sua paz!

— Amém!

— Deus Filho conceda a saúde aos enfermos, aos profissionais da Saúde e a todos os que cuidam dos que sofrem!

130

— **Amém.**
— Deus Espírito Santo ilumine e fortaleça a todos!
— Em nome do Pai † e do Filho e do Espírito Santo.
— **Amém.**

Bênção da Água para os Doentes

Oremos: Ó Deus, que em vossa celestial bondade afastais das pessoas os males e concedeis os bens. Vós que, pela água movida por vosso Anjo, tirando a doença restituístes a saúde, infundi nesta água a graça de vossa bênção † para que, pelos merecimentos e intercessão da Bem-Aventurada Virgem Maria, os doentes que dela tomarem consigam a saúde do corpo e a proteção da alma. E as mães que esperam o nascimento de seus filhinhos, livres de todos os males, possam levá-los com toda a felicidade às águas do santo batismo. Nós vos pedimos, por Cristo, Senhor nosso. — **Amém!**

Adoração ao Santíssimo Sacramento

Jesus, Pão vivo para a vida do mundo!

Estar diante de Jesus sacramentado é uma grande dádiva. Nele encontramos a vida e a paz. Ele é fonte de eterno amor. O mistério pascal de Cristo é vida na vida de todos os povos, pois Ele veio para que todos tenham a vida em plenitude. Esse momento é sublime, pois, podemos contemplar aquele que nos deu na gratuidade de seu amor a vida e a salvação. Felizes são os que amam a Eucaristia e vivem em comunhão com os irmãos e irmãs. Que esta adoração a Jesus Sacramentado que agora realizamos nos plenifique em seu amor, e transborde nosso coração de afeto, de amor e de ternura. Ele é o Pão vivo para a vida do mundo!

Cântico inicial

1. Cantemos a Jesus Sacramentado!/ Cantemos ao Senhor!/ Deus está aqui, dos anjos adorado!/ Adoremos a Cristo Redentor!

Glória a Cristo Jesus!/ Céus e terra, bendizei ao Senhor!/ Louvor e glória a ti,/ ó Rei da glória./ Amor eterno a ti,/ ó Deus de Amor.

2. Unamos nossas vozes aos cantares/ do coro celestial!/ Deus está aqui!/ Ao brilho dos altares/ exaltemos com gozo angelical!

Reunidos em Oração

D.: Em nome do Pai † e do Filho e do Espírito Santo.

T.: Amém! Senhor nosso Deus, estamos aqui diante de vosso Filho Jesus, presente na Eucaristia, e queremos reconhecer vosso infinito amor, manifestado a nós por meio dele.

D.: Deixemos que nosso coração palpite de tanto amor por Ele. Nosso Deus é Pai de infinita misericórdia, e por amor fez o universo inteiro, fez o homem e a mulher a sua imagem e semelhança.

T.: Sim, ó Pai, vós criastes o universo e nos destes vosso Filho Jesus. Vós criastes o céu, a terra, o mar e tudo o que existe. Fizeste-nos à sua imagem e semelhança. Colocastes em nós o espírito de vida.

D.: Todas as criaturas vos louvam, Senhor, e vos bendizem. Os pássaros do céu e os peixes dos mares, dos rios e dos oceanos, o sol e as nuvens, a lua e as estrelas, a água, o fogo, o vento, o frio e o calor são obras de vossas mãos.

T.: Juntamente com todas as criaturas, nós vos louvamos, Pai do céu, junto com Jesus, vosso Filho amado, nosso Redentor.

D.: Os homens e mulheres foram ingratos com vosso amor, ó Pai. Desobedeceram vossa vontade e pecaram. Desviaram-se de vossos caminhos e desistiram de vosso desejo. Preferiram seus caprichos.

T.: Perdoai-nos, Senhor, quando não cumprimos vosso desejo, nem acolhemos o ensinamento de vosso Filho Jesus.

D.: Mas vossa misericórdia é infinita e vosso amor jamais desiste. Mesmo diante da ingratidão vós continuais a nos amar e nos dais vosso Filho, que nasceu de Maria, em Belém, no meio dos pobres e revelou-se aos Pastores. Assim nos mostrais que vosso amor veio para todos, e que ninguém fica excluído, a começar pelos últimos: os pastores!

T.: Sim, ó Pai, nós queremos ser gratos para convosco. Reconhecemos e respeitamos vosso amor e vossa misericórdia para conosco.

D.: Estamos felizes. Estamos diante de vosso Filho presente na Eucaristia. Quando Ele nos falou que vós nos amais e vossa misericórdia é infinita, nosso coração se encheu de alegria e de paz.

134

T.: Queremos, ó Deus, escutar o mesmo convite de vosso Filho aos discípulos de João: "Vinde e vede!"

D.: E rezemos, para que o Espírito Santo esteja sempre em nós e nos inspire: Vinde Espírito Santo de Deus Consolador, derramai sobre nós a abundância de vosso amor e de vossa luz.

T.: Vinde Espírito Santo de Deus Amor, transbordai nosso coração das coisas do céu, para que saibamos agradecer o dom da Eucaristia.

D.: Vinde Espírito Santo de Deus Misericórdia, confortai os corações oprimidos pela maldade dos homens e a todos nós concedei o dom de amar e de perdoar.

T.: Vinde Espírito Santo de Deus Bondade, santificai a nós e nossas famílias, o jovem, a criança, o adulto e o idoso, e a todos confortai. Amém!

Escutando o que Deus nos fala

D.: Acolhamos a Palavra que nos salva, o Evangelho de Jesus. Acolher o evangelho é o mesmo que desejar vivê-lo. Preparando-nos para este momento tão sublime no qual Jesus nos dá sua Palavra, cantemos.

Cântico de Aclamação ao Evangelho

Honra, glória, poder e louvor./ A Jesus, nosso Deus e Senhor.

1. É ele o Pão que se vai repartir:/ O Pão da Palavra que vamos ouvir.

2. O homem não pode viver só de pão,/ mas vive quem guarda a Palavra de Deus.

Evangelho *(Jo 1,35-42)*

L.: Evangelho de Jesus Cristo narrado por João.

35No dia seguinte, estava lá João outra vez com dois dos seus discípulos. 36E, avistando Jesus que ia passando, disse: "Eis o Cordeiro de Deus". 37Os dois discípulos ouviram-no falar e seguiram Jesus. 38Voltando-se Jesus e vendo que o seguiam, perguntou-lhes: "Que procurais?" Disseram-lhe: "Rabi (que quer dizer Mestre)", onde moras? – 39"Vinde e vede", respondeu-lhes ele. Foram aonde ele morava e ficaram com ele aquele dia. Era cerca da hora décima. 40André, irmão de Simão Pedro, era um dos dois que tinham ouvido João e que o tinham seguido. 41Foi ele então logo à procura de seu irmão e disse-lhe: "Achamos o Messias (que quer dizer o Cristo)". [42]Levou-o a Jesus, e Jesus, fixando nele o olhar, disse: "Tu és Simão, filho de João; serás chamado Cefas (que quer dizer pedra)".

— Palavra da Salvação!

— Glória a vós, Senhor!

(Ficar uns instantes em silêncio, e depois alguém poderá dirigir algumas palavras, de modo breve, a partir do texto bíblico. Outros textos do evangelho que poderão ser usados: João 10,11-16 / João 15,1-8 / João 6,35-40 / Lucas 24,13-34.)

A Palavra em nossa vida

L.: Quem ama a Deus, ama também a todos os que são amados por Ele. Amar a Deus e não amar o irmão não é possível. É mentiroso quem diz amar a Deus e não ama seu irmão e sua irmã. Os discípulos que seguiram Jesus, e foram até onde Ele morava, queriam algo mais: queriam o amor dele. E foram apressadamente contar aos outros que eles estiveram com o Senhor.

T.: Nós estamos aqui, Senhor, diante de vós, bem junto de vós como estiveram os discípulos de João. Viemos para vos adorar e vos manifestar nosso amor!

L.: Quem ama vai ao encontro do Senhor. Procura socorrer os necessitados, consolá-los em suas incertezas e a todos manifesta bondade e mansidão. Quem ama faz de tudo para ver o outro feliz e em paz.

T.: Fazei, Senhor, que vossas palavras ressoem bem dentro de nós, e nos faça amar um pouco mais!

L.: Assim nos diz São Francisco de Sales: "Quando vedes alguma coisa que se pode fazer com amor, fazei-o; o que não se pode fazer sem discussões, deixai-o". Esse é o caminho que precisa ser percorrido por aqueles que amam a Deus. Essa é a estrada que nos conduz para perto dele.

T.: Feliz quem anda sempre nos caminhos do Senhor. Terá sempre paz e vida em abundância, e será sempre abençoado!

L.: Sua Palavra é nosso caminho. Seu evangelho é nossa vida e salvação. Praticar o bem é ganhar o céu. Praticar a caridade é trazer o céu à terra. Comungando verdadeiramente a Sagrada Eucaristia, tornamos presente o céu pela prática da caridade.

T.: Senhor, como os discípulos de Emaús também vos dizemos: "Ficai conosco, Senhor"!

L.: A Palavra que ouvimos nos transforma.

T.: Porque é Palavra de Deus, é Palavra de amor!

L.: Diante de Jesus Sacramentado nosso coração vibra de alegria.

T.: Porque Ele é quem aproximou a eternidade de nossa humanidade!

L.: Só no Senhor encontramos a salvação.

T.: Encontramos a paz, a alegria, a esperança. A bondade e a misericórdia! "Vinde e vede", é o que Ele nos diz! Amém!

Suplicando a misericórdia divina

D.: Neste momento, aproximemo-nos da misericórdia do Senhor, pedindo perdão das muitas faltas e pecados cometidos no mundo por nós. Eles nos impedem de viver, de nos sentirmos em paz. Eles não deixam a vida acontecer no meio de nós. No alto da cruz, o Cristo resgatou-nos para a vida e para a paz, para o amor e para o céu.

L.: Senhor, como o bom ladrão que a vosso lado no alto da cruz pediu vosso perdão, também vimos a vossos pés clamar o perdão e a misericórdia.

T.: Senhor, não vos esqueçais de nós! Não nos deixeis sem vossa misericórdia!

L.: A pecadora arrependida foi embora feliz porque vós dissestes: "Ninguém te condenou? Eu também não te condeno. Vai em paz e não peques mais". Senhor, nossa fragilidade humana tortura-nos e pesa sobre nós, porque fazemos o que não queremos, e deixamos de fazer o que precisamos. Perdoai-nos.

T.: Sim, Senhor, perdoai-nos, e que nós, sustentados por vosso perdão recomecemos com mais coragem nossa vida e nosso amar!

L.: Ó Cristo, vós fostes conduzidos pelas ruas de Jerusalém, como um cordeiro levado ao matadouro. Quanta ingratidão e incompreensão. O gosto pelo mal ainda persiste em ficar junto de nós. Dai-nos alento com vosso perdão.

T.: Ó Redentor nosso, dai-nos o alento de viver conforme o evangelho. Fortalecei nosso desejo de fazer com que jamais sejamos atraídos pelo pecado!

L.: Nós vos pedimos perdão porque muitas vezes atraídos pelas coisas passageiras vos deixamos de lado, e não contamos com vossa Palavra nem com vossos ensinamentos. Há os que vivem como se vós não existisse. Perdoai-nos.

T.: Arrependemo-nos, ó Cristo, das vezes em que nos afastamos de vós, e em vós queremos recomeçar nossa vida!

L.: Da injustiça e do egoísmo.

T.: Perdoai-nos, Senhor!

140

L.: Da falsidade e da mentira.

T.: Perdoai-nos, Senhor!

L.: Da calúnia e da inveja.

T.: Perdoai-nos, Senhor!

L.: Da ganância e do orgulho.

T.: Perdoai-nos, Senhor!

L.: Da exploração do irmão pelo irmão.

T.: Perdoai-nos, Senhor!

L.: Das guerras, da corrupção e do jogo de interesse.

T.: Perdoai-nos, Senhor!

L.: Do racismo e da falta de solidariedade.

T.: Perdoai-nos, Senhor!

L.: De todos os pecados cometidos no mundo.

T.: Perdoai-nos, Senhor!

Cântico de perdão

— **Eu canto a alegria, Senhor, de ser perdoado no amor.** (bis)

— Senhor, tende piedade de nós! Cristo, tende piedade de nós! Senhor, tende piedade de nós!

Rogando a Deus em nossas preces

D.: Elevemos nosso coração em prece! Deus conhece nossas necessidades, mas espera que peçamos a Ele. Com toda a fé, ergamos nossa voz em prece.

L.: Ó bom e amável Senhor Jesus Cristo, com toda a força de nossa fé, vos pedimos que vossa graça toque nossa vida e assim nos aproximemos ainda mais de vós,

T.: Para que a cada dia nos tornemos vossos discípulos fiéis, e vos testemunhemos no amor!

L.: Senhor, nosso Redentor, sabemos como são infelizes os corações que não vos amam. Como podem viver tão voltados para si mesmos, vos deixando de lado, sendo que sois nosso Deus? Ajudai-nos, Senhor, a tocar nesses corações com nossa palavra e nossa fé,

T.: E assim vos ajudemos a salvar as pessoas que vós tanto amais e por elas destes vossa vida!

L.: Jesus, nós desejamos sinceramente que moreis bem dentro de nós, que vivais em nós e que viva sempre em nós a lembrança de vossas palavras, de vossos gestos, da vida que vós nos destes,

T.: Para que assim toda a humanidade desperte para vosso amor redentor, vivo e presente!

L.: Ainda queremos rezar, pedindo-vos, Senhor, pelas crianças, pelos jovens, pelos adultos e pelos idosos, pelas famílias e pelos abandonados nas ruas, nas praças, nos asilos, e às vezes até mesmo dentro de nossas famílias,

T.: Confortai-os, Jesus querido, com vosso amor, e que nossa caridade vá ao encontro destes nossos irmãos e irmãs, e os ajude a viver em paz!

*(Podem ser feitos outros pedidos, e a cada pedido todos respondem: "**Ouvi-nos, Senhor!**")*

D.: Senhor, fazei de nós instrumentos que ajudam vosso Reino a crescer e transparecer no meio de nós. Vós que viveis e reinais com o Pai, na unidade do Espírito Santo.

T.: Amém! E sejam dadas graças e louvores ao Santíssimo Sacramento, hoje e sempre! Amém!

Cântico: Vem, e eu mostrarei!

1. Vem, e eu mostrarei que o meu caminho te leva ao Pai./ Guiarei os passos teus e junto a ti hei de seguir./ Sim, eu irei e saberei como chegar ao fim./ De onde vim, aonde vou: por onde irás irei também.

2. Vem, e eu te direi o que ainda estás a procurar./ A verdade é como o sol e invadirá teu coração./ Sim, eu irei e aprenderei minha razão de ser./ Eu creio em ti que crês em mim e à tua luz verei a luz.

3. Vem, e eu te farei da minha vida particular./ Viverás em mim aqui: viver em mim é o bem maior./ Sim, eu irei e viverei a vida inteira assim./ Eternidade é na verdade o amor vivendo sempre em nós.

4. Vem, que a terra espera quem possa e queira realizar/ com amor a construção de um mundo novo muito melhor./ Sim, eu irei e levarei teu nome aos meus irmãos./ Iremos nós e o teu amor vai construir enfim a paz.

Compromisso Missionário

D.: Senhor Jesus, nós acreditamos em vossa presença no Pão do altar. Acreditamos em vosso Evangelho e no Reino que inaugurastes no meio de nós. Por isso, manifestamo-vos nosso compromisso batismal.

L.: Para viver a fé, a esperança e a caridade.

T.: Nós acolhemos o evangelho de Jesus em nossa vida!

L.: Porque a injustiça insiste em permanecer no meio da humanidade.

T.: Nós faremos nossa parte na construção da vida e na prática da justiça!

L.: Porque a maldade e a violência, a ganância e a corrupção ferem a dignidade humana.

T.: Caminharemos sempre no caminho do bem, no acolhimento das pessoas, e teremos a palavra boa que constrói e ama a vida!

L.: É preciso aumentar em nossos dias o número dos evangelizadores, dos comprometidos com a verdade da vida e da paz.

T.: Senhor, fazei-nos estar atentos ao vosso convite: "Vinde e vede", para fazermos nossa parte no anúncio do evangelho.

L.: O Senhor concede-nos a graça de seu perdão para que nos alimentemos sempre desse pão do altar.

T.: E fortalecidos por ele, faremos o esforço necessário para praticar a fé, a esperança e a caridade.

D.: Graças e louvores se dêem a todo momento, ao Santíssimo Sacramento.

T.: Hoje e sempre! Amém!

D.: Bendito seja Deus nos seus Anjos e nos seus Santos.

T.: E em todos os homens e mulheres que o amam de verdade! Amém!

Pedindo pelas Vocações Sacerdotais e Religiosas

D.: Diante de Jesus, rezemos pelas Vocações na Igreja, e o Reino tenha uma multidão de servidores disponíveis e generosos, santos e humildes, homens e mulheres robustos no testemunho da verdade.

D.: Jesus, mestre divino,

T.: que chamastes os Apóstolos a vos seguirem,

D.: continuai a passar por nossas famílias,

T.: por nossas escolas

D.: e continuai a repetir o convite

T.: a muitos de nossos jovens.

D.: Dai coragem

T.: às pessoas convidadas.

D.: Dai força para que vos sejam fiéis

T.: como apóstolos leigos,

D.: como diáconos,

T.: padres e bispos,

D.: como religiosos e religiosas,

T.: como missionários e missionárias,

D.: para o bem do Povo de Deus

T.: e de toda a humanidade. Amém.

(Papa Paulo VI)

Bênção do Santíssimo

(Na ausência do Sacerdote ou do Diácono, faz-se um momento de silêncio, e depois pode ser rezada uma das orações que se encontram nas p. 151 e 152: Oração de São Francisco, Alma de Cristo.)

D.: Jesus nos abençoa porque é assim seu amor: Quer sempre nosso bem. Cantemos o hino que nos prepara para a bênção.

Tão sublime Sacramento, adoremos neste altar, pois o Antigo Testamento deu ao novo o seu lugar. Venha a fé por suplemento os sentidos completar.

Ao eterno Pai, cantemos, e a Jesus, o Salvador. Ao Espírito exaltemos, na Trindade eterno amor. Ao Deus uno e trino demos a alegria do louvor. Amém.

— Do céu lhes destes o Pão. **(Aleluia).**
— **Que contém todo o sabor. (Aleluia).**
— **Oremos:** Senhor Jesus Cristo, neste admirável Sacramento nos deixastes o memorial de vossa paixão. Dai-nos venerar com tão grande amor o mistério do vosso Corpo e do vosso Sangue, que possamos colher continuamente os frutos da Redenção. Vós que sois Deus com o Pai, na unidade do Espírito Santo.
— **Amém.**

(O Sacerdote ou Diácono reza, mostrando à comunidade o Santíssimo Sacramento:)

— Deus vos abençoe e vos guarde! Que Ele vos ilumine com a luz da sua face e vos seja favorável! Que Ele vos mostre o seu rosto e vos traga a paz! Que Ele vos dê a saúde do corpo e da alma!

(O Sacerdote ou Diácono ergue mais o Santíssimo e eleva a voz ou canta:)

— Nosso Senhor Jesus Cristo esteja perto de vós para vos defender! Esteja em vosso coração para vos conservar! Que Ele seja vosso guia para vos conduzir! Que vos acompanhe para vos guardar! Olhe por vós e sobre vós derrame sua bênção! Ele, que vive com o Pai, na unidade do Espírito Santo.

— **Amém.**

(Segue-se a bênção com o Santíssimo.)

Louvores a Deus

Bendito seja Deus.
Bendito seja o seu santo nome.
Bendito seja Jesus Cristo, verdadeiro Deus
e verdadeiro Homem.
Bendito seja o nome de Jesus.
Bendito seja o seu sacratíssimo Coração.
Bendito seja o seu preciosíssimo Sangue.
Bendito seja Jesus no Santíssimo Sacramento
do altar.
Bendito seja o Espírito Santo Paráclito.
Bendita seja a grande Mãe de Deus,
Maria Santíssima.

Bendita seja a sua santa e imaculada Conceição.
Bendita seja a sua gloriosa Assunção.
Bendito seja o nome de Maria, Virgem e Mãe.
Bendito seja São José, seu castíssimo esposo.
Bendito seja Deus nos seus anjos e nos seus santos.

Oração pela Igreja e pela pátria

— Deus e Senhor nosso,

— protegei a vossa Igreja,/ dai-lhe santos pastores e dignos ministros./ Derramai as vossas bênçãos/ sobre o nosso santo Padre, o Papa,/ sobre o nosso Bispo (Arcebispo),/ sobre o nosso Pároco e todo o clero;/ sobre o Chefe da Nação e do Estado/ e sobre todas as pessoas/ constituídas em dignidade,/ para que governem com justiça./ Dai ao povo brasileiro/ paz constante/ e prosperidade completa./ Favorecei,/ com os efeitos contínuos/ de vossa bondade,/ o Brasil,/ este Bispado (Arcebispado),/ a Paróquia em que habitamos/ e a cada um de nós,/ em particular,/ e a todas as pessoas/ por quem somos obrigados a orar,/ ou que se recomendaram/ às nossas orações./ Tende misericórdia/ das almas dos fiéis/ que padecem no purgatório;/ dai-lhes, Senhor,/ o descanso e a luz eterna.

(Pai-nosso, Ave-Maria, Glória ao Pai.)

— Graças e louvores sejam dados a cada momento:

— Ao Santíssimo e diviníssimo Sacramento!

(Se for conveniente, pode-se dar um Viva ou uma Salva de palmas ao Santíssimo Sacramento, externando assim a alegria de sua presença. O Santíssimo é reposto no sacrário. Pode-se ainda cantar o Cântico a Nossa Senhora.)

Cântico a Nossa Senhora

À vossa proteção recorremos, Mãe de Deus.
1. Santa Maria, socorrei os pobres,/ ajudai os fracos, consolai os tristes,/ rogai pela Igreja, protegei o clero,/ ajudai-nos todos, sede nossa salvação.
2. Santa Maria, sois a Mãe dos homens,/ sois a Mãe de Cristo, que nos fez irmãos;/ rogai pela Igreja, pela humanidade,/ e fazei que enfim tenhamos paz e salvação.

Orações Suplementares

Oração de São Francisco

Senhor, fazei-me instrumento de vossa paz.
Onde houver ódio, **que eu leve o amor.**
Onde houver ofensa, **que eu leve o perdão.**
Onde houver discórdia, **que eu leve a união.**
Onde houver dúvida, **que eu leve a fé.**
Onde houver erro, **que eu leve a verdade.**
Onde houver desespero, **que eu leve a esperança.**
Onde houver tristeza, **que eu leve a alegria.**
Onde houver trevas, **que eu leve a luz.**
Ó Mestre, **fazei que eu procure mais consolar**
que ser consolado; compreender que ser
compreendido; amar que ser amado.
Pois é dando que se recebe;
é **perdoando que se é perdoado e, morrendo,**
que se vive para a vida eterna!

Alma de Cristo

Alma de Cristo, **santificai-me.** Corpo de Cristo, **salvai-me.** Sangue de Cristo, **inebriai-me.** Água do lado de Cristo, **lavai-me.** Paixão de Cristo, **confortai-me.** Ó bom Jesus, **ouvi-me.** Dentro de vossas chagas, **escondei-me.** Não permitais, **que me separe de vós.** Do espírito maligno, **defendei-me.** Na hora da morte, **chamai-me e mandai-me ir para vós, para que com vossos Santos vos louve por todos os séculos dos séculos. Amém!**

Cânticos

1. Cantemos a Jesus Sacramentado
Música: J. Busca Sagastizabal

1. **Cantemos a Jesus Sacramentado!**/ Cantemos ao Senhor!/ Deus está aqui, dos anjos adorado!/ Adoremos a Cristo Redentor!

Glória a Cristo Jesus!/ Céus e terra, bendizei ao Senhor!/ Louvor e glória a ti,/ ó Rei da glória./ Amor eterno a ti,/ ó Deus de Amor.

2. Unamos nossas vozes aos cantares/ do coro celestial!/ Deus está aqui!/ Ao brilho dos altares/ exaltemos com gozo angelical!

3. Jesus, acende em nós a viva chama/ do mais fervente amor./ Deus está aqui!/ Está porque nos ama,/ como Pai, como amigo e benfeitor!

2. Glória a Jesus na Hóstia Santa

1. Glória a Jesus na hóstia santa,/ que se consagra sobre o altar,/ e aos nossos olhos se levanta/ para o Brasil abençoar.

Que o santo Sacramento,/ que é o próprio Cristo Jesus,/ seja adorado e seja amado/ nesta terra de santa Cruz.

2. Glória a Jesus, Deus escondido/ que, vindo a nós na comunhão,/ purificado, enriquecido,/ deixa-nos sempre o coração.

3. Glória a Jesus que ao rico, ao pobre/ se dá na hóstia em alimento,/ e faz do humilde e faz do nobre/ um outro Cristo em tal momento.

3. Vós sois meu Pastor
Roberto Jef

Vós sois meu Pastor, ó Senhor;/ nada me faltará, se me conduzis.

1. Em verdes pastagens, feliz, eu descansei;/ em vossas águas puras eu me desalterei.

2. No vale das sombras, o mal é vão temer./ Se vos tenho a meu lado por que desfalecer?

3. Pusestes minha mesa para o festim real;/ ungistes-me a cabeça com óleo divinal.

4. Transborda em minha taça um misterioso vinho./ Consolo e alimento, ao longo do caminho.

5. A luz e a graça vossa sem fim me seguirão,/ e o céu em recompensa um dia me darão.

4. Amor e paz eu procurei
EPD 0068 - Pe. Zezinho, S.C.J.

1. Amor e paz eu procurei,/ mas muitas vezes me enganei./ Confesso até que eu duvidei/ de encontrar libertação./ Mas finalmente eu me acheguei/ à tua mesa de perdão,/ e encontrei a quem busquei,/ quem faz feliz meu coração.

Tua Palavra, teu corpo e sangue,/ o teu amor sustenta a minha fé./ Venho pedir: fica comigo,/ que eu vou contigo, Jesus de Nazaré! (bis)

2. Felicidade eu procurei,/ seguindo a voz do coração,/ mas no caminho eu me afobei/ e magoei meu próprio irmão./ Eu finalmente me acheguei/ à tua mesa de perdão,/ e encontrei a quem busquei,/ quem faz feliz meu coração.

5. Nós queremos ser teu povo

1. Nós queremos ser teu povo,/ Senhor, Senhor, Senhor,/ e queremos ser de novo/ testemunhas do amor.

O amor liberta o coração da gente/ e faz o mundo caminhar alegremente!/ E faz o mundo caminhar alegremente!

2. Nós queremos ser a ponte,/ Senhor, Senhor, Senhor,/ que conduz ao horizonte,/ onde reina o teu amor.

3. Nós queremos caridade,/ Senhor, Senhor, Senhor,/ que nos traz fraternidade,/ e é sinal do teu amor.

4. Nós queremos unidade,/ Senhor, Senhor, Senhor,/ que nos firma na verdade,/ e é sinal do teu favor.

5. Nós queremos noite e dia,/ Senhor, Senhor, Senhor,/ conviver na Eucaristia,/ que nos une por amor.

6. Eu vim para que todos tenham vida
Pe. José Weber

Eu vim para que todos tenham vida,/ que todos tenham vida plenamente!

1. Reconstrói a tua vida/ em comunhão com teu Senhor,/ reconstrói a tua vida/ em comunhão com teu irmão./ Onde está o teu irmão,/ eu estou presente nele.

2. Quem comer o pão da vida/ viverá eternamente./ Tenho pena deste povo/ que não tem o que comer./ Onde está um irmão com fome,/ eu estou com fome nele.

3. Eu passei fazendo o bem,/ eu curei todos os males./ Hoje és minha esperança/ junto a todo sofredor./ Onde sofre o teu irmão,/ eu estou sofrendo nele.

4. Entreguei a minha vida/ pela salvação de todos./ Reconstrói, protege a vida/ de indefesos e inocentes./ Onde morre o teu irmão,/ eu estou morrendo nele.

5. Vim buscar e vim salvar/ o que estava já perdido./ Busca, salva e reconduz/ a quem perdeu toda esperança./ Onde salvas teu irmão,/ tu me estás salvando nele.

6. Não apago o fogo tênue/ do pavio que ainda fumega./ Reconstrói e reanima/ toda vida que se apaga./ Onde vive o teu irmão,/ eu estou vivendo nele.

7. Este pão, meu corpo e vida/ para a salvação do mundo,/ é presença e alimento/ nesta santa comunhão./ Onde está o teu irmão,/ eu estou também com ele.

8. Salvará a sua vida/ quem a perde, quem a doa./ Eu não deixo perecer/ nenhum daqueles que são meus./ Onde salvas teu irmão,/ tu me estás salvando nele.

7. É bom estarmos juntos
Ir. Míria T. Kolling

1. É bom estarmos juntos à mesa do Senhor:/ e, unidos na alegria, partir o pão do amor.

Na vida caminha quem come deste pão./ Não anda sozinho quem vive em comunhão.

2. Embora sendo muitos, é um o nosso Deus./ Com ele, vamos juntos, seguindo os passos seus.

3. Formamos a Igreja, o corpo do Senhor;/ que em nós o mundo veja a luz do seu amor.

4. Foi Deus quem deu outrora ao povo o pão do céu;/ porém, nos dá agora o próprio Filho seu.

5. Será bem mais profundo o encontro, a comunhão,/ se formos para o mundo sinal de salvação.

6. A nossa Eucaristia ajude a sustentar/ quem quer no dia-a-dia o amor testemunhar.

8. Deus de amor
EPD 0161 - José Alves

1. Deus de amor, nós te adoramos neste sacramento,/ Corpo e Sangue que fizeste nosso alimento./ És o Deus escondido, vivo e vencedor,/ a teus pés depositamos todo nosso amor.

2. Meus pecados redimiste sobre a tua Cruz,/ com teu Corpo e com teu Sangue, ó Senhor Jesus!/ Sobre os nossos altares, vítima sem par,/ teu divino sacrifício queres renovar.

3. No Calvário se escondia tua divindade,/ mas aqui também se esconde tua humanidade;/ creio em ambas e peço, como o bom ladrão,/ no teu reino, eternamente, tua salvação.

4. Creio em ti ressuscitado, mais que São Tomé./ Mas aumenta na minh'alma o poder da fé./ Guarda a minha esperança, cresce o meu amor./ Creio em ti ressuscitado, meu Deus e Senhor!

5. Ó Jesus, que nesta vida pela fé eu vejo,/ realiza, eu te suplico, este meu desejo:/ Ver-te enfim, face a face, meu divino amigo,/ lá no céu, eternamente, ser feliz contigo.

9. Estou pensando em Deus
EPD 0244 - Pe. Zezinho

Estou pensando em Deus,/ estou pensando no amor. (bis)

1. Os homens fogem do amor e depois que se esvaziam,/ no vazio se angustiam e duvidam de você./ Você chega perto deles, mesmo assim ninguém tem fé.

2. Eu me angustio quando vejo que depois de dois mil anos,/ entre tantos desenganos, poucos vivem sua fé./ Muitos falam de esperança, mas esquecem de você.

3. Tudo podia ser melhor se meu povo procurasse,/ nos caminhos onde andasse, pensar mais no seu Senhor./ Mas você fica esquecido e por isso falta amor.

4. Tudo seria bem melhor se o Natal não fosse um dia,/ e se as mães fossem Maria e se os pais fossem José./ E se a gente parecesse com Jesus de Nazaré.

Índice

Introdução 3

Via-Sacra.. 5

As sete últimas palavras de Cristo na cruz............... 28

Celebração das Dores de Maria (1).......................... 45

Celebração das Dores de Maria (2).......................... 73

Encontro de Jesus e de Maria.................................. 88

Descimento de Jesus da cruz................................... 96

Celebração comunitária da Penitência 108

Missa com os doentes e idosos 117

Adoração ao Santíssimo Sacramento 132

Orações suplementares 151

Cânticos.. 152